Buch

CHOFETZ CHAIM

Den Mund behalten

Rabbi

Yisrael Meir Kagan

CHOFETZ CHAIM

Übersetzung

Saphir Shalom Toledano

There is no known book without mistakes. Therefore, I ask in every language of application if anyone has any questions, comments, clarifications, corrections, please send to: **book@simchatchaim.com**

All material used in this section may not be used for commercial purposes, but only for study and teaching.

To get this book or books and information Email me at:

book@simchatchaim.com

Copyright©All Rights Reserved to

www.simchatchaim.com

YB"S©All rights reserved to the Editor

First Edition 2023

CHOFETZ INHALTSVERZEICHNIS CHAIM

INHALTSVERZEICHNIS

Seite	Inhalt
4.	Über den CHOFETZ CHAIM
9.	Vorwort

21. **Einleitende Bemerkung**
Einleitung in die Gesetze über das Verbot von Laschon Hara und Rechilut

29. Negative Gebote

39. Positive Gebote

53. Flüche

57. **Erster Teil**
Das Verbot von Lashon Hara

57. Grundsatz 1

61. Grundsatz 2

72. Grundsatz 3

78. Grundsatz 4

94. Grundsatz 5

CHOFETZ INHALTSVERZEICHNIS CHAIM

107. Grundsatz 6

118. Grundsatz 7

128. Grundsatz 8

140. Grundsatz 9

144. Grundsatz 10

163. **Zweiter Teil**
Das Verbot der Rechilut

163. Grundsatz 1

168. Grundsatz 2

171. Grundsatz 3

173. Grundsatz 4

175. Grundsatz 5

181. Grundsatz 6

189. Grundsatz 7

193. Grundsatz 8

195. Grundsatz 9

CHOFETZ INHALTSVERZEICHNIS CHAIM

215 **Illustrationen**

215. Illustration 1

215. Illustration 2

216. Illustration 3

217. Illustration 4

218. Illustration 5

221. Illustration 6

223. Illustration 7

225. Illustration 8

226. Illustration 9

226. Illustration 10

CHOFETZ Über den CHAIM

Über den

CHOFETZ CHAIM

Lebenslust

Das Sefer Chofetz Chaim, Lebenslust ist das Hauptwerk von Rabbi Yisrael Meir Kagan, der später einfach als Chofetz Chaim bekannt wurde. Das Buch befasst sich mit der jüdischen Ethik und den Gesetzen der Rede und gilt als die maßgebliche Quelle zu diesem Thema.

Der Titel des Werks Chofetz Chaim von Rabbi Yisrael Meir Kagan ist den Psalmen entnommen:

Kommt, Kinder, hört auf mich; ich will euch die Furcht des Herrn lehren. Wer ist der Mensch, der das Leben begehrt, der Tage liebt, um das Gute zu sehen? Hüte deine Zunge vor dem Bösen und deine Lippen vor trügerischem Reden. Meide das Böse und tue das Gute, suche Frieden und jage ihm nach. – [Psalm 34:12-15]

Das Thema des Buches ist hilchos shmiras halashon [Gesetze der reinen Rede]. Rabbi Kagan liefert zahlreiche Quellen aus der Tora, dem Talmud und den Rishonim [frühen Kommentatoren] über die Strenge des jüdischen Gesetzes über Klatsch und Tratsch.

CHOFETZ CHAIM
Über den

Lashon Hara, was so viel wie böse Rede bedeutet [oder auch Klatsch und Verleumdung und Verbote der Diffamierung], wird manchmal mit Verleumdungsverboten übersetzt, bezieht sich aber im Wesentlichen auf das Verbot, böse/schlechte/unangenehme Dinge über eine Person zu sagen, unabhängig davon, ob sie wahr sind oder nicht.

Das Buch ist in drei Teile gegliedert:
Mekor Chayim ["Quelle des Lebens"], der Gesetzestext.

Be'er mayim chayim ["Brunnen des lebendigen Wassers"], die Fußnoten und das juristische Argument.

Es wird üblicherweise zusammen mit dem Text Shemirath ha-Lashon ["Hüter der Zunge"] gedruckt, einer ethischen Abhandlung über den richtigen Gebrauch des Sprachvermögens.

Rabbi Yisrael Meir [HaKohen] Kagan [26. Januar 1838 - 15. September 1933], im Volksmund Chofetz Chaim genannt, war ein einflussreicher Rabbiner der Musar-Bewegung, ein Halachist, Posek und Ethiker, dessen Werke nach wie vor großen Einfluss auf das jüdische Leben haben.

Chofetz Chaim wurde am 26. Januar 1838 in Dzyatlava, Gouvernement Grodno, Russisches Reich [heute Weißrussland], geboren und starb

CHOFETZ Über den CHAIM

am 15. September 1933 in Radun [jiddisch: Radin], Provinz Wilno in Polen [heute Weißrussland]. Sein Nachname, Poupko, ist nicht allgemein bekannt. Seine Heimatstadt Dzyatlava hieß einst Zdzięcioł, als sie bis zur Teilung Polens Teil der Polnisch-Litauischen Gemeinschaft war. Als Kagan zehn Jahre alt war, starb sein Vater. Seine Mutter zog mit der Familie nach Vilnius, um die Ausbildung ihres Sohnes fortzusetzen. Während seiner Zeit in Wilna wurde Kagan Schüler von Rabbi Jacob Barit. [Kagans Mutter heiratete später erneut [Epstein] und zog nach Radin. Mit 17 heiratete er die Tochter seines Stiefvaters und ließ sich in Radin nieder.

Er diente für kurze Zeit als Stadtrabbiner von Radin. Dann trat er von diesem Amt zurück, um die Jeschiwa in der Stadt zu gründen, die schließlich weltberühmt wurde. Nach allem, was man hört, war er ein bescheidener und demütiger Mann. Eine Zeit lang hatte er ein Geschäft für Haushaltswaren, das seine Frau leitete. Das Geschäft war jedoch nicht erfolgreich, und er wandte sich dem Unterrichten zu, um sich und seine Familie zu ernähren. Von 1864 bis 1869 lehrte er Talmud in Minsk und Washilishok.

Im Jahr 1869 gründete er eine Jeschiwa in Radin. Die Jeschiwa war ein Erfolg und erlangte große Bekanntheit, so dass sie später als "Jeschiwa Chofetz Chaim von Radin"

CHOFETZ CHAIM
Über den

bekannt wurde. Kagan, der als Chofetz Chaim bekannt wurde, verbreitete die Tora nicht nur durch seine Jeschiwa, sondern engagierte sich auch sehr für jüdische Belange. Er reiste viel, um die Einhaltung der Mitzwot unter den Juden zu fördern. Er wurde zu einem der einflussreichsten Rabbiner des orthodoxen Judentums im späten 19. und frühen 20. Jahrhundert und spielte eine zentrale Rolle in der Weltbewegung Agudath Israel in Osteuropa.

Obwohl ihn die antireligiöse Haltung, die den Zionismus durchzog, sehr beunruhigte, weigerte sich Kagan zunächst, sich persönlich in die Angelegenheit einzumischen, und verzichtete darauf, die Bewegung öffentlich anzuprangern. Als seine Ansichten bekannt wurden, warnte er seine Studenten davor, sich den Zionisten anzuschließen, und erklärte deren politische Ziele als unvereinbar mit der Thora. Dennoch schätzte er das Heilige Land, und 1925 wurde bekannt, dass er Warschau mit seiner Tochter und seinem Schwiegersohn verlassen würde, um sich dauerhaft in Petach Tikvah, Palästina, niederzulassen. Als prominente Rabbiner und Jeschiwa-Dekane von seinen Plänen erfuhren, überredeten sie ihn, in Radin zu bleiben, wo er am 15. September 1933 im Alter von 95 Jahren starb.

Auch viele andere jüdische religiöse Einrichtungen in der ganzen Welt tragen seinen

CHOFETZ   Über den   CHAIM

Namen. Eine amerikanische Jeschiwa, die ihm zu Ehren benannt wurde, ist die Jeschiwa Rabbeinu Yisrael Meir HaKohen in Queens, New York, die von seinem Großneffen, Rabbi Dovid Leibowitz, gegründet wurde und mehrere Zweigstellen in den Vereinigten Staaten, Kanada und Israel hat. Die Lehren des Chofetz Chaim haben einige englischsprachige amerikanische Juden dazu inspiriert, die Chofetz Chaim Heritage Foundation zu gründen, die sich der Verbreitung seiner Lehren in jüdischen Gemeinden in aller Welt widmet. Ein orthodoxer Kibbuz in Israel, Chofetz Haim, wurde ihm zu Ehren benannt.

Das Haus des Chofetz Chaim in Radin wurde demontiert, nach Litauen gebracht und später in die USA transportiert. Diese Tatsache wurde zum Anlass für einen Strafprozess, der seit Dezember 2012 vor einem weißrussischen Gericht verhandelt wird. [Zitat benötigt]

Zu seinen Lebzeiten wurde er von Juden und Nichtjuden gleichermaßen verehrt. Orthodoxe Juden auf der ganzen Welt betrachteten ihn als einen der 36 Gerechten, und polnische Bauern sollen ihn auf ihre Felder gelockt haben, weil sie glaubten, seine Füße würden ihren Ernten Segen bringen.

Vorwort

Gesegnet sei der Herr, der G-tt Israels, der uns von allen Völkern abgesondert und uns seine Tora gegeben und uns in das heilige Land gebracht hat, damit wir alle seine Mitzvoth erfüllen. Seine einzige Absicht war allein zu unserem Besten, damit wir dadurch für Ihn heilig werden - nämlich [Numeri 15:40]: "Damit du an alle meine Mitzwot denkst und sie tust und deinem G-tt heilig bist" - und damit es in unserer Macht steht, die Ausströmung seines Guten und die Fülle seiner Güte in dieser und in der kommenden Welt zu empfangen, wie es geschrieben steht [Devarim 10:12- 13]: "Was verlangt der Herr, dein G-tt, von dir, als ... die Mitzwot des Herrn und seine Satzungen zu halten, die ich dir heute gebiete, um dir Gutes zu tun?" [Siehe den Ramban dort, dass "euch Gutes zu tun" in "Was verlangt der Herr, euer G-tt, von euch?" umgedeutet wird.]

Er hat uns nicht nur seinen besonderen Schatz gegeben, sondern auch befohlen, ihn nicht zu verlassen, wie es geschrieben steht [Mischlei 4,2]: "Denn ich habe dir eine gute Errungenschaft gegeben; verlasse meine Tora nicht" - anders als der Weg von Fleisch und Blut, der, wenn er seinem Freund ein schönes Geschenk macht und der andere sich nicht richtig damit verhält und es in seinen Augen nicht liebt, den Tag herbeisehnt, an dem sein

CHOFETZ   Vorwort   CHAIM

Freund es ganz aufgibt, damit er es für sich selbst zurücknehmen kann. Nicht so ist der Weg unseres G-ttes. Denn Er hat uns in allen Generationen des ersten Tempels Propheten eingesetzt, um uns zum Guten zurückzuführen. Und sogar in den Tagen des zweiten Tempels, als [in unseren vielen Sünden] Israel von seiner ursprünglichen Heiligkeit herabgestiegen war und als ihnen fünf Dinge fehlten, die im ersten Tempel vorhanden waren [Lade, Arkendeckel und Cherubim; das himmlische Feuer; die Schechinah; Prophetie; und die urim vetumim - vgl. Yoma 21b] - trotzdem konnten wir, als wir auf unserem Land waren und einen Tempel hatten, alle Mitzwot der Tora erfüllen und dadurch alle geistigen Komponenten in uns zur Vollkommenheit bringen [die Seele - wie der Körper. besitzt 248 "Organe" und 365 "Sehnen" [siehe Sha'arei Kedushah von Rabbi Chaim Vital, Kapitel Eins].

Aber am Ende der Tage des Zweiten Tempels nahmen sinath chinam [eitler Hass] und Lashon Hara [Verleumdung] unter uns zu [in unseren vielen Sünden], weswegen der Tempel zerstört wurde und wir aus unserem Land vertrieben wurden [vgl. Yoma 9b und Yerushalmi 1:5]. Obwohl die Gemara es "sinath chinam" nennt, ist Lashon Hara eingeschlossen, da es von sinah ausgeht. Wäre dies nicht der Fall, wären sie nicht so hart bestraft worden, wie die Gemara abschließend feststellt: "Dies soll euch lehren, dass sinath chinam gleichbedeutend ist mit Götzendienst, unerlaubten Beziehungen und dem Vergießen von Blut." Und dasselbe finden wir in [Arachin 15b] in Bezug auf Lashon Hara, und ebenso in der Diskussion in Yoma selbst [nämlich 9b und 23a]. Und von da an bis heute hoffen und beten wir jeden Tag vor dem Heiligen, gepriesen sei Er, dass Er uns zu sich zieht, wie Er es uns in Seiner heiligen Tora und durch Seine Propheten viele Male versichert hat. Aber unser Gebet wird von Ihm nicht angenommen, wie Chazal [unsere Weisen seligen Andenkens] gesagt haben [Berachoth 32b]: "Seit dem Tag der Zerstörung des Tempels trennt eine eiserne Mauer Israel von seinem Vater im Himmel."

Und in Wahrheit ist unsere Klage nicht gegen Ihn [G-tt bewahre], sondern gegen uns selbst; denn sie [die Erlösung] ist nicht jenseits Seiner Macht, nämlich [Jesaja 59,1-2]: "Siehe, die Hand des Herrn ist nicht zu kurz, um zu retten, und sein Ohr ist nicht zu schwer, um zu hören. Aber eure Sünden haben eine Scheidung zwischen euch und eurem G-tt gemacht, und eure Übertretungen haben sein Angesicht vor euch verborgen, dass er euch nicht hört." Und wir finden [vgl. Sanhedrin 98a], dass zu Zeiten von R. Jehoschua ben Levi gesagt wurde [vgl. Tehillim 95:6], dass der Messias "heute kommen würde, wenn ihr auf Seine Stimme hört" - obwohl die Zeit des für Israel verordneten Exils [tausend Jahre, die dem eintausendjährigen "Tag" des Heiligen, gepriesen sei Er, entsprechen] noch nicht vergangen war [vgl. Chida, Petach Eiynayim, Sanhedrin, ibid.] Trotzdem hätte die Kraft der Reue das Dekret aufgehoben. Wie viel mehr noch, mehr als achthundert Jahre nach dem Ende dieses [eintausendjährigen] "Tages", [sollte der Messias kommen, wenn wir bereuen]! Die Schuld liegt allein bei uns - dass wir mit unseren vielen Sünden Ihm nicht erlauben, Seine Schechinah in unserer Mitte ruhen zu lassen.

Und wenn wir unsere Wege sorgfältig erforschen würden - welche der Sünden haben die Länge unseres Exils hauptsächlich verursacht? - würden wir feststellen, dass es viele sind; aber die Sünde der Lashon Hara vor allem, aus mehreren Gründen. Erstens, weil sie die Hauptursache für unser Exil war [wie in den oben erwähnten Gemaroth beschrieben]. Solange wir uns also nicht bemühen, diese Sünde zu korrigieren, wie kann es dann eine Erlösung geben, da die Sünde so schwerwiegend war, dass sie uns aus unserem Land vertrieben hat! Wie viel mehr wird sie uns nicht erlauben, in unser Land zurückzukehren.

Und ist es nicht bekannt, dass die Verbannung bereits wegen der Tat der Kundschafter über uns verhängt worden war [vgl. Tehillim 106 25-27]? "Und sie murrten in ihren Zelten [gegen das Land]. Sie hörten nicht auf die Stimme des Herrn. Und er erhob seine Hand gegen sie... um sie in die Länder zu zerstreuen", wie Raschi und Ramban dort erklären

[Bamidbar 14]. Und die Sünde der Kundschafter - war sie nicht die der Lashon Hara! [vgl. Arachin 15a]. Deshalb ist es zwingend notwendig, dass wir diese Sünde korrigieren, bevor die Erlösung stattfinden kann.

Und wir finden die ausdrückliche Feststellung, dass es diese Sünde war, die dazu führte, dass die Juden [von den Ägyptern] mit mühsamer Arbeit bearbeitet wurden [nämlich Schemot 2:14 und Raschi dort]. Und [Devarim Rabba 6:14]: "Der Heilige, gepriesen sei Er, sagte: 'In dieser Welt habe Ich Meine Schechinah von euch entfernt, weil es Lashon Hara unter euch gab, aber in der nächsten Welt, usw.'" Und [Devarim 33:5]: "Und Er wurde ein König in Jeschurun, als die Häupter des Volkes versammelt waren, die Stämme Israels", was Raschi [gemäß Sifrei] interpretiert: "Wann ist Er ein König in Israel? Insbesondere, wenn die Stämme Israels vereint und nicht in Fraktionen gespalten sind" - die [Fraktionen] sind bekanntlich das Ergebnis von Lashon Hara.

Und abgesehen davon, wie können die erhofften Segnungen des Heiligen, gepriesen sei Er, auf uns ruhen, wenn wir uns durch unsere vielen Sünden an diese Sünde gewöhnt haben? Gibt es nicht einen ausdrücklichen Fluch darüber in der Tora, nämlich [Devarim 27:24]: "Verflucht ist, wer seinen Nächsten heimlich schlägt", was sich auf Lashon Hara bezieht, wie Raschi dort erklärt [abgesehen von den anderen Flüchen, die dazu kommen, wie am Ende dieses Vorworts gezeigt wird]?

Außerdem geht aus der oben erwähnten Gemara in Arachin hervor, dass diese Sünde von unendlicher Schwere ist, so sehr, dass man ihre Ausübenden als Ketzer gebrandmarkt hat! Und in Yerushalmi Peah 1:1 heißt es, dass diese Sünde in dieser Welt bestraft wird, während die "Hauptsache" in der kommenden Welt [zur Bestrafung] bleibt!

[Siehe das Ende dieses Vorworts und mein Buch Shmirath Halashon [Die Zunge hüten], wo wir alle relevanten Zitate aus dem Talmud, dem Midrasch und dem heiligen Zohar niedergeschrieben haben. Wenn man sie aufmerksam liest, werden einem die Haare zu Berge stehen].

Und es scheint klar zu sein, dass die Tora mit dieser Sünde streng war, weil er [der Sprecher von Lashon Hara] den großen Widersacher gegen Israel erregt und dadurch viele Menschen in vielen Ländern tötet. Betrachten wir die Sprache des heiligen Zohar in [Schemoth] Pekudei 264b: "Es gibt einen bestimmten Geist, der über all diese Sprecher von Lashon Hara eingesetzt ist, der, wenn die Menschen zu Lashon Hara erregt werden, auch jenen bösartigen, unreinen Geist darüber erregt, der sachsusa ["Streit"] genannt wird. Er erhebt sich über die von den Menschen ausgelöste Erregung von Lashon Hara und verursacht - durch diese Erregung von Lashon Hara - Tod, Schwert und Gemetzel in der Welt.

Wehe denen, die diese bösartige Kraft erwecken, indem sie ihren Mund und ihre Zunge nicht hüten und keinen Gedanken daran verschwenden, weil sie nicht wissen, dass von dieser niederen Erregung die höhere Erregung abhängt, sowohl zum Guten als auch zum Bösen. Und sie alle erwecken diese große Schlange zum Widersacher gegen die Welt. Und das alles wegen der Erregung bei Lashon Hara, die unten ausgelöst wurde."

Und wir können sagen, dass dies die Absicht der oben erwähnten Gemara in Arachin ist, nämlich: "Alle, die Lashon Hara sprechen, vergrößern die Übertretung bis zum Himmel, wie es geschrieben steht [Tehillim 73:9]: 'Sie setzen ihren Mund in den Himmel, und ihre Zunge wandelt auf der Erde.'" Das heißt, auch wenn seine Zunge auf der Erde wandelt, richtet er seinen Mund gegen den Himmel. Und so finden wir es in der Tanna d'bei Eliyahu [Rabbah Zuta 18] - dass die Lashon Hara, die er spricht, sich gegen den Thron der Herrlichkeit erhebt. Wir können daraus eine Vorstellung von der Größe der Zerstörung ableiten, die die "Männer der Zunge" über Israel gebracht haben.

Ein weiterer Grund für die Schwere dieser Übertretung: Wenn ein Mensch seine Zunge mit verbotenen Dingen befleckt, verhindert er, dass alle heiligen Äußerungen, die danach seinen Mund verlassen, in die Höhe steigen. Wie der heilige Zohar in Pekudei erklärt: "Und zu diesem bösartigen Geist gesellen sich noch andere Aufwiegler des Din [Gericht, Strafe], die dazu bestimmt sind, Ausdrücke des Bösen oder der Unreinheit zu ergreifen, die aus dem Mund eines Menschen kommen, auf die Ausdrücke der Heiligkeit folgen. Wehe ihnen! Wehe ihrem Leben! Diese Menschen bewirken, dass die anderen Erreger des Lärms die Oberhand gewinnen und das Heilige verunreinigen. Wehe ihnen in dieser Welt und wehe ihnen in der kommenden Welt. Denn diese anderen Geister der Unreinheit nehmen diesen bösen Ausdruck, der aus seinem Mund hervorgegangen ist, und besudeln den Ausdruck der Heiligkeit, der darauf folgt, so dass er ihm nicht zugeschrieben wird und die Kraft der Heiligkeit gleichsam abgeschwächt wurde." Geht aus dem heiligen Zohar nicht hervor, dass alle unsere Worte der Tora und des Gebets in der Luft schweben und nicht aus der Höhe aufsteigen? Woher sollen sie dann kommen, um uns beim Kommen des Messias und ähnlichem zu helfen?

Und wenn wir tiefer in diese Angelegenheit eindringen, stellen wir fest, dass sie nicht nur ein schweres Vergehen an sich ist, sondern auch alle [oberen] Welten untergräbt und ihr Licht verdunkelt und abschwächt. Denn es ist die Gewohnheit vieler Menschen, dieses negative Gebot im Laufe ihres Lebens viele Hunderte und Tausende Male zu wiederholen. Denn selbst eine kleine Sünde wird, wenn sie viele Male wiederholt wird, wie ein dickes Seil, wie Jesaja mahnt [Jesaja 5,18]: "Wehe denen, die die Ungerechtigkeit mit Stricken der Täuschung ausziehen und die Sünde so dick wie Karrenseile machen." Dies ist vergleichbar mit einem seidenen Faden, der hundertfach verdoppelt wird. Wie viel mehr ist diese Sünde [der Lashon Hara], die an sich äußerst schwerwiegend ist und die zahllose Menschen im Laufe ihres Lebens viele tausend Male zu wiederholen pflegen, ohne es auf sich zu nehmen, sich davor zu hüten - wie viel mehr ist die [entsprechende] Unterminierung [der Welten] oben ohne Grenze!

Und ich habe versucht, dies zu verstehen: Wie kommt es, dass dieses negative Gebot in den Augen so vieler Menschen unbedeutend geworden ist? Und ich überlegte, dass dies aus mehreren Gründen so sein muss, die einerseits das einfache Volk und andererseits die [Tora-]Gelehrten betreffen. Das gemeine Volk weiß nicht einmal, dass das Verbot von Lashon Hara für das Wahre [wie auch für das Unwahre] gilt; und die Toragelehrten, obwohl sie mit Sicherheit wissen, dass es auch für das Wahre gilt - einige von ihnen werden vom yetzer hara [der bösen Neigung] auf verschiedene Weise irregeführt. Eine davon: Der Yetzer hara setzt sich sofort in den Kopf, dass derjenige, mit dem er spricht, ein Schmeichler ist, und sagt zu ihm: "Es ist eine Mitzwa, die Schmeichler und die Übeltäter zu entlarven." Ein anderes Mal sagt er zu ihm: "Ist dieser Mann [von dem du sprichst] nicht ein Aufwiegler des Streits, über den es erlaubt ist, Lashon Hara zu sprechen?"

CHOFETZ   Vorwort   CHAIM

Und manchmal lockt er ihn mit der [halachischen] Erlaubnis von apei telata [Lashon Hara in Anwesenheit von drei Personen], und manchmal von apei mara [ihn davon zu überzeugen, dass er so sogar zu seinem [des Opfers] Gesicht sprechen würde]. Und der Yetzer hara versorgt ihn mit den entsprechenden Zitaten [siehe unten, Grundsätze 2, 3 und 8]. Und manchmal appelliert er an die Natur des Gesagten, d.h. dass es nicht in die Kategorie von Lashon Hara fällt [z.B. das, was viele in unseren vielen Sünden zu tun geneigt sind], indem er einen als nicht weise hinstellt [wie in Prinzip 3 erklärt wird].

Zusammenfassend lässt sich sagen, dass der yetzer hara [in Bezug auf Lashon Hara] auf eine von zwei Arten wirkt: Er überzeugt den Sprecher, dass das, was er sagt, kein Lashon Hara ist, oder dass die Tora nicht verboten hat, Lashon Hara gegen diesen oder jenen Menschen zu sprechen.

Und wenn der Yetzer hara sieht, dass er auf diese Weise nicht über den Menschen siegen kann, täuscht er ihn umgekehrt, indem er so streng mit ihm im Bereich der Lashon Hara ist, bis er alles als in die Kategorie der Lashon Hara eintretend ansieht, und zwar in einem Ausmaß, dass er es als unmöglich ansieht, das Leben so eingeschränkt zu leben, es sei denn, er trennt sich völlig von den Angelegenheiten der Welt - so wie es die [ursprüngliche] subtile Schlange tat, die [zu Eva] sagte [Genesis 3:1]: "Hat G-tt wirklich gesagt, du sollst nicht von allen Bäumen des Gartens essen"? [obwohl er in Wirklichkeit nur den Baum der Erkenntnis verboten hatte]

Hinzu kommt, dass es vielen Menschen an einem grundlegenden Verständnis des Verbots des Empfangens von Lashon Hara mangelt - dass es sogar für den Glauben im Herzen gilt [und nicht nur für das Wiederholen [obwohl es erlaubt ist, zu "vermuten", dass es wahr ist, vgl. Niddah 61a]. Das Gleiche gilt für viele ähnliche Fälle im Bereich des Empfangens von Lashon Hara und der Rechiluth [Schwatzhaftigkeit], die hier nicht aufgeführt werden können. Und sie wissen auch nicht, wie sie es wiedergutmachen können, wenn sie gegen das Verbot verstoßen haben, Lashon Hara zu sprechen und zu empfangen.

Aus diesen Gründen sind die Dinge so weit gekommen, dass man alles sagt, was einem in den Mund kommt, ohne vorher zu bedenken, dass es in die Kategorie von Rechiluth und Lashon Hara fallen könnte. [In unseren vielen Sünden] haben wir uns so sehr an diese Sünde gewöhnt, dass sie in den Augen vieler Menschen überhaupt nicht als Sünde angesehen wird - selbst wenn er etwas sagen würde, was für jeden als absolute Lashon Hara und rechiluth offensichtlich ist, wie wenn er über seinen Freund sprechen und ihn bis zur äußersten Erniedrigung herabwürdigen würde. Und wenn man ihn fragen würde: "Warum hast du Lashon Hara und rechiluth gesprochen?", würde er in seinem Herzen denken, dass er [sein Zurechtweiser] dachte, ihn zu einem ["fanatischen"] tzaddik oder chasid zu machen, und er würde seine Worte überhaupt nicht akzeptieren, da er dies [Lashon Hara und rechiluth], in unseren vielen Sünden, als völlig unbedeutend betrachtet.

Und all dies rührt - zum größten Teil - daher, dass die Gesetze von Lashon Hara und rechiluth nicht an einem Ort versammelt sind, wo man ihre Natur und Anwendung, im Prinzip und in der Praxis, erläutern könnte. Stattdessen sind sie im Talmud und in den Rishonim [den frühen Autoritäten] verstreut. Und selbst der Rambam im siebten Kapitel der Hilchoth Deoth und Rabbeinu Yonah in der Sha'arei Teshuvah, die uns in diesem Bereich den Weg geebnet haben, haben sich dennoch sehr knapp gehalten, wie es die Rishonim tun. Und es gibt auch viele dinim [Gesetze], die in ihren Worten nicht erwähnt werden, wie wir im Folgenden sehen werden.

Und der Leser, mein Bruder, soll wissen, dass ich selbst für die einfachste Sache, die darin zu finden ist, ihre Quelle im Be'er Mayim Chayim angegeben habe, damit es vor den Augen aller klar ist, dass ich dieses Buch nicht nach den Parametern der Chasiduth [Heiligkeit] geschrieben habe, sondern nach den Parametern des Din [Gesetzes].

Denn das din fließt aus ihnen [diesen Quellen]. "Und alle, die mich nach den Maßstäben des Verdienstes beurteilen, möge die Quelle [des

Lebens] sie nach den Maßstäben des Verdienstes beurteilen." Ich habe für dieses Buch auch ein langes, ausführliches Vorwort geschrieben, in dem ich mehrere negative und positive Gebote erkläre, die häufig von denen übertreten werden, die sich nicht vor dieser bitteren Sünde der Lashon Hara und rechiluth hüten. Möge der Herr gewähren, dass der Yetzer zerschlagen wird, wenn er [der Übertreter] das Ausmaß der Verwüstung und des Schadens erkennt, den seine Rede anrichtet. Abgesehen davon ist folgendes [Midrasch Rabba 14:4] bekannt: "Wenn du dich viel mit ihren [den Worten der Weisen] beschäftigt hast, nimmt der Heilige, gepriesen sei Er, den Yetzer hara von dir" - woraufhin ich zu mir sagte: "Wenn sie dieses Buch, das alle Worte der Rishonim zu diesem Thema enthält, studieren und darüber nachdenken, wird der Yetzer hara für diese Sünde vielleicht nicht so stark über sie herrschen." Und wenn man anfängt, sich von dieser Sünde zu entfernen, wird man sich natürlich auch ganz von ihr entfernen. Denn bei dieser Sünde spielt die Gewohnheit eine große Rolle, und [Yoma 38b] "Wer kommt, um sich zu reinigen, dem hilft [der Herr]. "Und in diesem Verdienst möge der Erlöser [der Messias] nach Zion kommen" [Jesaja 50,29], und zwar schnell, in unseren Tagen, Amen!

CHOFETZ   Vorwort   CHAIM

Einleitende Bemerkung

Einleitung in die Gesetze über das Verbot von Laschon Hara und Rechilut

In der Liebe des Gesegneten zu Seinem Volk Israel und Seinem großen Wunsch nach dessen Wohlergehen - bis hin zur Bezeichnung als "Söhne" und "Anteil des Herrn" und "Erbe", zusammen mit vielen anderen Begriffen der Zuneigung, die Seine große Liebe zu Israel zeigen, nämlich [Maleachi 1,2]: "Ich habe dich geliebt, spricht der Herr" usw. Er distanzierte sie von allen Formen des Bösen, insbesondere von Lashon Hara und Rechiluth. Denn diese sind es, die die Menschen zu Streit und Zank bringen und die sehr oft zum Blutvergießen führen können, wie der Rambam schrieb [Hilchoth Deoth 4:1]: "Auch wenn es für die Übertretung dieses negativen Gebots keine Malkoth [Striemen] gibt, ist es eine große Sünde, die zur Tötung vieler Seelen in Israel führt, weshalb es [d.h. 'Du sollst nicht zänkisch unter dein Volk gehen' [Vayikra 19:16] gefolgt wird von: 'Stehe nicht [untätig] beim Blut deines Bruders' - wie [die Episode von] Doeg Ha'adomi und Nov, der Stadt der Priester, beweist [vgl. I Samuel 22,9]."

Einige weitere große Übel, die durch diesen verachtenswerten Charakterzug verursacht wurden: Es ist bekannt, dass die Sünde der Schlange durch die böse Zunge [Lashon Hara]

CHOFETZ Einleitende Bemerkung **CHAIM**

verursacht wurde, die sie gegen den Heiligen, gepriesen sei Er, sprach, indem sie [zu Eva] sagte: "Er [G-tt] hat von diesem Baum [dem Baum der Erkenntnis] gegessen und die Welt erschaffen", wodurch Eva dazu verleitet wurde, das Gleiche zu tun [vgl. Schabbat 146a]: "Die Schlange war 'intim' mit Eva und injizierte ihr zuhamah ['Verunreinigung']" - daher [[die Sünde der] unerlaubten Beziehungen], und auch den Tod für die gesamte Menschheit - daher das Blutvergießen. Und dadurch [d.h. durch Lashon Hara] verleitete sie Adam und Eva dazu, den Willen des Heiligen, gepriesen sei Er, zu übertreten. Daraus folgt, dass derjenige, der Lashon Hara spricht, ihren [der Schlange] Charakterzug annimmt, der die Schöpfung untergräbt.

Und auch der Abstieg Israels nach Ägypten rührte ursprünglich davon her [d.h. von Lashon Hara], nämlich [Bereschit 37:2]: "Und Joseph brachte einen bösen Bericht über sie [die Söhne Leas] zu ihrem Vater", woraufhin der Himmel verfügte, dass er in die Sklaverei verkauft werden sollte, weil er sie beschuldigt hatte, ihre Brüder [von den Mägden] "Sklaven" zu nennen [vgl. Bereschith Rabba 84:7 und Jeruschalmi Peah 1:1]. Obwohl Josef eine heter [halachische Erlaubnis] hatte, um diesen "bösen Bericht" zu bringen, wie die Exegeten erklären, ist anzumerken, dass diese heter ihm nicht nützte [und er in die Sklaverei verkauft wurde].

CHOFETZ Einleitende Bemerkung CHAIM

Und wieder ist der gesamte Grund für unser gegenwärtiges Exil die Sünde der Spione [vgl. Tehillim 6,25-27]: "Und sie murrten in ihren Zelten [gegen das Land]. Sie hörten nicht auf das Wort des HERRN. Und er erhob seine Hand gegen sie ... um sie in die Länder zu zerstreuen", wie Raschi dort erklärt und wie der Ramban [über Bamidbar 14:1] schreibt. Und in Arachin [15a] heißt es, dass die Sünde der Kundschafter im Wesentlichen Lashon Hara war, d.h. dass sie einen schlechten Bericht über das Land abgaben. Und weil sie dann [am Vorabend des neunten Av] einen "vergeblichen" Schrei ausstießen, wurde er [der neunte Av] ihnen als "Schrei" für die Generationen verordnet [z.B. die Zerstörung der beiden Tempel usw.]. Und unzählige andere Übel ereilten uns wegen dieser schweren Sünde. Denn alle Weisen Israels, die in den Tagen von Schimon ben Schetach, dem Schwager von König Jannai, von König Jannai getötet wurden, wurden ebenfalls wegen der Sünde der Rechiluth getötet [vgl. Kidduschin 66a]. Und die Ermordung des Tanna, R. Elazar Hamodai, [die auch zur Zerstörung von Betar beitrug] wurde ebenfalls durch Rechiluth verursacht, die gegen ihn vor Ben Koziva gesprochen wurde [nämlich Eichah Rabbah 2:4].

Und wegen der Schwere des Übels, das in diesem schlechten Charakterzug steckt, ermahnt uns die Tora ausdrücklich durch ein negatives Gebot dagegen, nämlich. [Vayikra

CHOFETZ Einleitende Bemerkung **CHAIM**
19:16]: "Du sollst nicht schwatzen unter deinem Volk", wie weiter unten erklärt wird [im Gegensatz zu Zorn, Grausamkeit und Leichtsinn und den anderen verdorbenen Eigenschaften, die zwar die Majestät der Seele und ihre Form untergraben und auf die an vielen Stellen in der Tora angespielt wird, wie in den Worten von Chazal erklärt wird - bei all dem gibt es kein ausdrückliches negatives Gebot gegen sie [wie gegen rechiluth] in der Zählung der taryag [der 613 Gebote] der Tora. Und wir werden noch einen weiteren Grund dafür finden, dass die Tora uns ausdrücklich vor diesen Geboten - Lashon Hara und rechiluth - ermahnt. Denn wenn wir sie in Wahrheit analysieren, stellen wir fest, dass sie fast alle negativen und positiven Gebote umfassen, die zwischen einem Menschen und seinem Nächsten und viele zwischen einem Menschen und seinem Schöpfer gelten, wie wir erklären werden, so G-tt will. Aus diesem Grund hat uns die Tora ausdrücklich davor gewarnt, damit wir uns nicht in diese böse Schlinge verwickeln lassen. Ich werde dies mit der Hilfe des Gesegneten erklären. Und daraus soll übrigens auch ein großer Nutzen gegenüber vielen anderen Halachoth folgen. Und vielleicht wird dadurch auch der Yetzer geschlagen werden, wenn er [der Übertreter] die große Verwüstung und den Schaden erkennt, den seine Rede anrichtet. Und hier beginne ich, mit der Hilfe dessen, der dem Menschen Wissen gewährt.

CHOFETZ Einleitende Bemerkung CHAIM

Zuerst müssen wir die Prinzipien dieser Halachoth von Lashon Hara und Rechiluth kennen. ["Lashon Hara" ist das Herabsetzen eines Freundes und "rechiluth" das Erzählen des Bösen, das sein Freund gegen ihn gesagt oder getan hat.] [Die Grundsätze]: Es [Lashon Hara und rechiluth] ist verboten, auch wenn es wahr ist, wie unten erklärt wird, bitte G-tt, im Namen aller Poskim. Außerdem gilt das Verbot von Lashon Hara und rechiluth sowohl in seiner [des Objekts] Gegenwart als auch außerhalb seiner Gegenwart. Es gibt auch keinen Unterschied zwischen dem Sprechen und dem Empfangen [von Lashon Hara und rechiluth], was wir weiter erklären werden. Ein "Empfänger" von Lashon Hara ist jemand, der in seinem Herzen glaubt, was ihm von seinem Freund gesagt wird, auch wenn er ihn nicht beim Erzählen unterstützt, sondern nur in seinem Herzen die Lashon Hara und rechiluth glaubt, die er gehört hat. Wenn er es glaubt, wird er als "Überbringer einer falschen Nachricht" bezeichnet und begeht eine Übertretung [Schemot 23:1]: "Du sollst kein falsches Zeugnis geben." Alle diese Grundsätze haben Wurzeln und Verzweigungen, wie in den anderen Teilen der Tora. Möge der Herr gewähren, dass wir sie umfassend kennen.

Und wisst, dass wir, wenn wir schreiben, dass er sowohl die negativen als auch die positiven Gebote und die drei damit verbundenen "Flüche" übertritt, die wir weiter unten

CHOFETZ CHAIM — Einleitende Bemerkung

erwähnen und erläutern werden, sowohl Lashon Hara als auch rechiluth meinen, und sowohl das, was falsch ist, als auch das, was wahr ist. Und das ist es, was wir im Be'er Mayim Chayim als "in den ersten vier Modi" bezeichnen werden [es sei denn, wir sagen ausdrücklich, dass es nur in einem von ihnen gilt]. Und es bleibt dann für uns nur noch notwendig, in Bezug auf alle negativen oder positiven Gebote zu erklären, ob sie in seiner [des Objekts] Gegenwart gelten oder nicht in seiner Gegenwart, oder für den Sprecher oder den Empfänger.

Und jene negativen oder positiven Gebote, die alle Modi umfassen, werde ich im Be'er Mayim Chaim kurz als "in allen acht Modi" bezeichnen - das heißt: Lashon Hara und rechiluth, in seiner Gegenwart oder nicht in seiner Gegenwart, sowohl für den Sprecher als auch für den Empfänger, und sowohl wenn sie falsch als auch wenn sie wahr sind. [Merken Sie sich diese Dinge, denn ich werde sie in der Einleitung nicht wiederholen.]

Zuerst werden wir erklären, wie viele negative Gebote man beim Sprechen von Lashon Hara und rechiluth übertritt, und dann, wie viele positive Gebote. Dann, wie viele "Flüche" er über sich bringt, und weiter, wie viele große Issurim [Verbote] sich daraus ergeben.

Ich werde diese Einführung in zwei Teile unterteilen: den ersten, den ich "Makor Chaim" nenne, und einen übergeordneten Kommentar dazu, der "Be'er Mayim Chayim" heißt. Den

CHOFETZ Einleitende Bemerkung CHAIM

Grund für diese Namen habe ich im Vorwort genannt. Im "Be'er Mayim Chayim" wird deutlich gemacht, auf welche Art und Weise sich jedes negative oder positive Gebot bezieht, zusammen mit einigen anderen Halachoth. Dies beginne ich mit der Hilfe von Ihm, der dem Menschen Wissen gewährt.

Negative Gebote
1. Jemand, der über seinen Freund schwatzt, verstößt gegen ein negatives Gebot, nämlich [Vayikra 19:16]: "Du sollst nicht schwatzen unter deinem Volk." Was ist Schwatzhaftigkeit? "Sich mit Worten zu beladen und von einem zum anderen zu gehen und zu sagen: "Das hat Ploni [so und so] über dich gesagt"; "Das und das habe ich gehört, was Ploni dir angetan hat." Auch wenn das, was er sagt, wahr sein mag, zerstört es die Welt. Und es gibt eine Sünde, die viel größer ist als diese - Lashon Hara, die in diesem negativen Gebot enthalten ist. Und das ist, sich abfällig über einen Freund zu äußern, auch wenn das, was er sagt, wahr ist. Aber jemand, der falsch [über seinen Freund] spricht, wird als ein "motzi shem ra" [jemand, der einen schlechten Bericht verbreitet] bezeichnet.
2. Und der Sprecher oder der Empfänger [von Lashon Hara] verstößt ebenfalls [Schemot 23:1]: "Empfange [tissa] keinen falschen Bericht", was auch gelesen werden kann als: "Verbreite [tassi] keine Falschmeldung", so dass dieses negative Gebot beide [den Sprecher

und den Empfänger] einschließt.

3. Und auch der Sprecher verstößt [Devarim 24:8]: "Hüte dich vor der Plage des Aussatzes, dass du dich in Acht nimmst", was die Sifra [1:3] so interpretiert, dass [du dich in Acht nimmst], dass du nicht vergisst, dich vor Lashon Hara in Acht zu nehmen, damit der Aussatz nicht über dich kommt [wie er über Mirjam kam, weil sie Lashon Hara gegen Mose gesprochen hatte].

4. Und sowohl der Sprecher als auch der Empfänger verstoßen [Vayikra 19:14]: "Und vor den Blinden sollst du keinen Stolperstein legen"; denn jeder [d.h. sowohl der Sprecher als auch der Hörer] legt seinem Freund einen Stolperstein in den Weg, um gegen ausdrückliche negative Gebote der Tora zu verstoßen. Aber es gibt einen Unterschied zwischen dem Sprecher und dem Hörer in dieser Hinsicht. Denn der Sprecher verstößt gegen dieses negative Gebot, egal ob es viele oder wenige Zuhörer sind. Mehr noch, je mehr Zuhörer, desto mehr verstößt er [der Sprecher] gegen dieses negative Gebot, indem er vielen Menschen einen Stolperstein in den Weg legt. Nicht so der Empfänger. Es ist möglich, dass er dieses negative Gebot nicht übertritt, es sei denn, er selbst hört die Lashon Hara oder die rechiluth von ihm [dem Sprecher] in diesem Moment, so dass er, wenn er ihn verlassen hätte, niemanden hätte, dem er seine Lashon Hara erzählen könnte. Aber wenn es außer ihm noch andere Zuhörer zu der Zeit gibt, ist es

CHOFETZ Einleitende Bemerkung **CHAIM**

möglich, dass der Zuhörer dieses negative Gebot nicht übertritt, sondern nur andere, die in dieser Einleitung erwähnt werden [siehe Be'er Mayim Chayim]. Und all dies, wenn er kam, nachdem die "Rezitation" begonnen hatte. Aber der erste Zuhörer - auch wenn andere danach kamen - verstößt sicherlich in allen acht Modi, denn der issur wurde durch ihn eingeleitet. Auf jeden Fall muss man sich vor solchen Gefährten in Acht nehmen und sich nicht zu ihnen setzen; denn "oben" sind sie alle als "eine Gesellschaft der Schlechtigkeit" eingeschrieben. Und so steht es im Testament von Rabi Eliezer Hagadol an Hyrkanus, seinen Sohn: "Mein Sohn, sitze nicht mit der Gesellschaft derer, die schlecht über ihre Freunde reden, denn wenn ihre Worte in die Höhe steigen, werden sie in ein Buch eingeschrieben, und alle, die dort stehen, werden als "eine böse Gesellschaft" bezeichnet.

5. Und auch der Sprecher von Lashon Hara verstößt [Devarim 8:11]: "Nimm dich in Acht, dass du den Herrn, deinen G-tt, nicht vergisst", was eine Ermahnung an den Hochmütigen ist, denn da er seinen Freund verspottet und lächerlich macht, hält er sich offenbar für weise und "ein Mann unter Menschen". Denn wenn er seine eigenen Fehler kennen würde, würde er seinen Freund nicht verhöhnen. Und die Aussage von Chazal in Sotah [4b] über die Schwere der Sünde des Stolzes ist wohlbekannt, nämlich: Wegen ihr erwacht sein

CHOFETZ Einleitende Bemerkung CHAIM

Staub nicht zur Auferstehung, er wird als Götzendiener betrachtet, die Schechinah weint über ihn, und er wird "ein Greuel" genannt. Und vor allem, wenn er sich selbst ehrt, indem er seinen Freund beschämt, verstößt er mit Sicherheit gegen dieses negative Gebot, abgesehen davon, dass unsere Rabbiner [in ihrem heiligen Geist] ihn von der kommenden Welt "abgeschnitten" haben, indem sie sagten [Yerushalmi Chagigah 12:1]: "Wer sich durch die Schande seines Freundes ehrt, hat keinen Anteil an der kommenden Welt."

6. Der Sprecher und der Empfänger [von Lashon Hara] verstoßen ebenfalls [Vayikra 22:32]: "Und du sollst meinen heiligen Namen nicht entweihen", denn es gibt keine Lust oder körperliches Vergnügen, die sein Yetzer dazu veranlasst, sich über ihn zu erheben, so dass diese Sünde als Rebellion und unverhohlenes Abstreifen des Jochs des Himmels angesehen wird; und er entweiht dadurch den Namen des Himmels. Und das schon bei einem einfachen Juden; wie viel mehr bei einem angesehenen Mann, zu dem sie alle aufschauen, um ihn zu leiten [und der Lashon Hara spricht], wo der Name des Himmels sicherlich entweiht wird! Und wie viel mehr, wenn diese Sünde in der Öffentlichkeit begangen würde, wäre sie äußerst schwerwiegend, und der Übertreter würde "ein Entweiher des Namens G-ttes in der Öffentlichkeit" genannt.

7. Und manchmal verstößt der Sprecher [Levitikus 19:17]: "Du sollst deinen Bruder

CHOFETZ CHAIM
Einleitende Bemerkung

nicht in deinem Herzen hassen", wie wenn er mit seinem Freund in dessen Gegenwart "Frieden spricht" und ihn vor anderen verunglimpft, wenn er nicht in seiner Gegenwart ist. Und noch viel mehr [verstößt er], wenn er sie ausdrücklich auffordert, nicht zu ihm zu gehen und ihn zu informieren; in diesem Fall verstößt er mit Sicherheit gegen dieses negative Gebot.

8-9. Manchmal verstößt auch der Sprecher gegen das Gebot [Vayikra 19:18]: "Du sollst dich nicht rächen und du sollst keinen Groll hegen, wie wenn er [der Redner] Hass gegen ihn hegt, weil er ihn gebeten hat, ihm etwas zu leihen, und es ihm verweigert wurde; und wenn er dann etwas Erniedrigendes an ihm sieht, macht er es vor anderen bekannt. Von Anfang an verstößt er gegen "Du sollst nicht grollen", indem er den Groll in seinem Herzen trägt. Und später, wenn er sich rächt und das Erniedrigende, das er in ihm gesehen hat, offenbart, verstößt er gegen "Du sollst dich nicht rächen". Aber er muss die Sache aus seinem Herzen auslöschen!

10. Und wenn einer aufsteht und gegen einen anderen allein vor Beth-Din über etwas Verbotenes aussagt, da daraus kein Vorteil in Bezug auf finanzielle [Verpflichtungen, Auferlegung eines] Eides oder Ungültigmachung des Kaschrut-Status [halachische Tauglichkeit] des anderen resultieren kann, da er nur ein einziger Zeuge in der Angelegenheit ist, ist das Einzige, was er

CHOFETZ Einleitende Bemerkung CHAIM

dadurch "erreicht", dass er dem anderen einen schlechten Namen gibt, und er übertritt auch das negative Gebot von [Devarim 19:15]: "Ein Zeuge soll nicht gegen einen Menschen für jede Übertretung und für jede Sünde aussagen", und beth-din muss ihn dafür mit Schlägen bestrafen.

11. Und alles, was wir geschrieben haben, gilt für einen, der allein spricht oder allein zuhört; wenn er sich aber mit einer Gesellschaft von Frevlern und Sprechern von Lashon Hara zusammentut, um ihnen zu sagen oder zuzuhören, so begeht er auch eine Übertretung [Schemot 23:2]: "Neige dich nicht nach vielen zum Bösen", was eine Ermahnung ist, nicht mit Übeltätern übereinzustimmen oder sich ihnen anzuschließen, auch wenn sie viele sind. [Und siehe weiter, Positives Gebot 6, wo Sie sehen werden, dass er auch ein positives Gebot durch diese böse "Vereinigung" übertritt. Und siehe oben [Negatives Gebot 4], wo ich Pirkei d'R. zitiert habe. Eliezer über seinen [R. Eliezer Hagadol's] Willen zu seinem Sohn in dieser Hinsicht.

12. Und wenn er einen Streit in seinem Reden nährt, übertritt er [Bamidbar 17:5]. "Und er soll nicht sein wie Korach und wie seine Gemeinde", was eine Ermahnung gegen die Pflege eines Streits ist [vgl. Sanhedrin 110a].

13. Und oft wird ein anderes negatives Gebot übertreten. Denn sehr oft wird der Freund wegen seiner frühen Taten, wegen einer Familieneigenschaft, wegen seiner geringen

CHOFETZ Einleitende Bemerkung CHAIM

Gelehrsamkeit oder wegen seiner [mittelmäßigen] Arbeit herabgewürdigt, jeder nach seiner Lage, und es werden ihm Dinge gesagt, die ihn erzürnen und verwirren und gegen die er keine Verteidigung hat. Selbst wenn dies nur zwischen den beiden geschieht [und niemand sonst anwesend ist], begeht er [der Sprecher] eine Übertretung [Vayikra 25:17]: "Und du sollst nicht Unrecht tun, ein Mensch seinem Nächsten", was sich auf verbales Unrecht bezieht [vgl. Bava Metzia 58b]. Wie viel mehr, wenn dies in Gesellschaft anderer geschieht! Es zeigt sich also, dass, wenn jemand seinen Freund sowohl durch rechiluth als auch durch Lashon Hara beleidigt, sei es vor ihm allein oder vor anderen, neben der Übertretung des negativen Gebots von Lashon Hara und rechiluth, wie oben erwähnt, er auch dieses negative Gebot übertritt.

14. Und wenn er einen anderen so erniedrigt, mit solchen Worten und dergleichen, vor ihm [allein] und vor anderen, bis zu dem Ausmaß, dass sich sein Gesicht [vor Scham] verfärbt, übertritt er auch [Vayikra 19:17]: [Tadle, tadle deinen Mitmenschen und] trage keine Sünde wegen ihm." Die Tora ermahnt hiermit, seinen jüdischen Mitmenschen nicht zu beschämen, auch nicht um der Zurechtweisung willen und [auch] nicht zwischen ihm und dem anderen [allein]. Das heißt, nicht so scharf zu ihm zu sprechen, dass er ihn beschämt - wie viel mehr [d.h., er soll es nicht tun], wenn nicht um der Zurechtweisung willen und wenn er in

Gegenwart anderer ist. Und all dies, wenn es nicht in der Öffentlichkeit stattfand, aber wenn er sein Gesicht [mit Scham] in der Öffentlichkeit "weiß", haben Chazal ihn bereits von der kommenden Welt "abgeschnitten", indem sie sagen [Bava Metzia 59a]: "Wer das Gesicht seines Freundes in der Öffentlichkeit beschmutzt, hat keinen Anteil an der kommenden Welt."

15. Und wenn der andere ein Waisenkind oder eine Witwe wäre, selbst wenn sie wohlhabend wären, und er sich ihnen gegenüber herablassend verhielte, so verstößt er ebenfalls gegen die Vorschrift [Schemot 22:21]: "Jede Witwe und jede Waise sollst du nicht bedrängen", die Tora ermahnt hiermit, sie nicht zu verspotten oder ihr Herz mit irgendeiner Art von Kummer zu betrüben. Die Strafe dafür ist in der Tora ausdrücklich vorgesehen [Ibid. 23]: "Und mein Zorn wird brennen, und ich werde euch durch das Schwert töten, und eure Frauen werden zu Witwen und eure Kinder zu Waisen."

16. Und manchmal übertritt er auch das Issur der Schmeichelei, das für viele Geonim [z.B. HaRe'em, Baal Hatosfoth und Hagaon R. Shlomoh ben G'virol] ein absolut negatives Gebot ist [nämlich Bamidbar 35:33]: "Und du sollst [den Menschen im Land] nicht schmeicheln." Das heißt, wenn seine Absicht beim Sprechen von Lashon Hara und rechiluth darin besteht, dem Zuhörer zu schmeicheln, von dem er weiß, dass er Hass gegen

CHOFETZ Einleitende Bemerkung CHAIM

denjenigen hegt, über den er spricht, und dadurch in seinen Augen Gefallen zu finden - eine ungeheuerliche Sünde -, ist es dann nicht genug, dass er die Mitzwa der Zurechtweisung [ein positives Gebot in der Tora] nicht erfüllt, um ihn für den Hass zurechtzuweisen, den er seinem Freund entgegenbringt, dass er auch den Hass verstärkt, der bereits zwischen ihnen besteht! Und durch ihn [den Sprecher] wird er [der Zuhörer] immer mehr in seinem Unrecht verharren, so dass noch mehr Streit und Unrecht entsteht [G-tt bewahre]! Und wisse, dass diese [folgende] Sünde [unter unseren vielen Sünden] weit verbreitet ist. Wenn nämlich jemand über seinen Freund herabsetzend spricht, nickt [oft] der Zuhörer, der weiß, dass das Gesagte unbegründet ist, trotzdem mit dem Kopf, und auch er "glättet" die Sache mit seiner Zunge und fügt einige Worte des Makels hinzu. Denn der Redner ist manchmal ein vermögender Mann oder dergleichen, von dem er Gunst empfängt oder von dem er befürchtet, dass er ihn für unklug hält oder dergleichen [weil er schweigt]. Und deshalb wird der Yetzer auch ihn dazu verleiten, dem zuzustimmen. Aber wisse, mein Bruder, dass auch dies im Grunde eine Übertretung des negativen Gebots der Schmeichelei ist - selbst wenn er nur ein paar Worte hinzufügt - wie im Be'er Mayim Chayim erklärt wird. Und in diesem Zusammenhang steht geschrieben [Mischlei 23:2]: "Und setze ein Messer an deine Kehle [gegen das Sprechen von Lashon Hara], wenn du ein Mann des Geistes bist." Und man muss sich lieber der Gefahr aussetzen, als seine Seele einer solchen Sünde auszusetzen. Nach der Tora muss jeder Mensch unter solchen Umständen auf jeden Fall stark sein, um ihn [den Redner] nicht auch nur durch eine Bewegung zu unterstützen, die den Anschein erwecken würde, dass er mit dem, was er sagt, einverstanden ist. Und in diesem Zusammenhang können wir die Worte von Chazal [Eiduyoth 5:6] verstehen: "Es ist besser, sein ganzes Leben lang als Narr bezeichnet zu werden, als auch nur einen Augenblick vor dem Allmächtigen böse zu sein." Und dies selbst dann, wenn er weiß, dass seine Worte des Tadels vom Sprecher nicht angenommen werden; denn andernfalls muss er ihn sicherlich auch dafür tadeln [wie, so G-tt will, in Hilchoth Lashon Hara, Prinzip VI, erklärt werden wird].

17. Und manchmal gibt es noch ein weiteres negatives Gebot, das übertreten wird [in unseren vielen Sünden] - Lashon Hara gegen jemanden im Zorn zu sprechen und ihn gleichzeitig zu verfluchen - manchmal sogar mit dem Namen [wenn auch in der Umgangssprache]. Damit verstößt man gegen ein absolut negatives Gebot, nämlich [Vayikra 19:14]: "Du sollst einen Tauben nicht verfluchen" [gemeint ist "sogar" ein Tauber - wie viel mehr einer, der nicht taub ist, wie in Choshen Mishpat 27:1 erklärt]. Wir haben hier siebzehn negative Gebote aufgezählt, die oft

CHOFETZ CHAIM
Einleitende Bemerkung

mit Lashon Hara und rechiluth einhergehen - auch wenn er nur mit einem Juden spricht. [Denn wenn er einen Juden gegenüber einem Nicht-Juden verleumdet, ist das issur größer und schwerwiegender und geht manchmal in die Kategorie des massur [Informierens] über, wie wir, so G-tt will, in Hilchoth Lashon Hara, Prinzip VIII, erklären werden]. Und [die Übertretung] vieler der oben erwähnten negativen Gebote unterliegt dem Tod durch die Hand des Himmels - wie die Erniedrigung einer Witwe oder einer Waise oder die Entweihung des Namens. Und viele von ihnen haben Auswirkungen auf die kommende Welt, wie z.B. das "Bleichen" des Gesichts eines Freundes in der Öffentlichkeit oder die Selbstverherrlichung auf Kosten seines Freundes. Dies gilt für jemanden, der sich an diese schweren Übertretungen von Lashon Hara und Rechiluth gewöhnt, die alle weiter unten erklärt werden, so G-tt will.

Positive Gebote
Und nun werde ich mit Hilfe des Gesegneten beginnen zu erklären, gegen wie viele positive Gebote man verstößt, wenn man Lashon Hara und rechiluth spricht, wie wir oben dargelegt haben. Jemand, der seinen Freund verleumdet, verstößt nicht nur gegen die negativen Gebote, die wir oben erwähnt haben, sondern auch gegen mehrere positive Gebote, die ich mit Hilfe des Gesegneten nacheinander erläutern werde.

CHOFETZ Einleitende Bemerkung CHAIM

1. Er übertritt damit [Devarim 24:9]: "Denke daran, was der Herr, dein G-tt, Mirjam auf dem Weg getan hat, als du aus Ägypten gezogen bist." Die Tora ermahnt uns hiermit, dass wir immer mündlich die große Strafe [Aussatz] erwähnen, die der Gesegnete HERR über die Zadeketh, die Prophetin Mirjam, brachte - die nur von ihrem Bruder sprach, den sie wie ihre Seele liebte, den sie auf die Knie hob und für den sie ihr Leben aufs Spiel setzte, um ihn aus dem Nil zu retten. Und sie sprach nicht abwertend über ihn, sondern verglich ihn nur mit anderen Propheten. Und sie redete ihm nicht ins Gesicht, um ihn zu beschämen, und auch nicht öffentlich, sondern nur mit ihrem Bruder Aaron unter vier Augen. Und er [Mose] war durch all das nicht beleidigt, nämlich [Bamidbar 12:3]: "Und der Mann Mose war äußerst demütig, mehr als alle Menschen auf der Erde" - trotzdem nützten ihr alle ihre guten Taten nichts, und sie wurde dafür mit Lepra bestraft. Wie viel mehr werden andere Menschen, die Narren, die "große und furchtbare Dinge" gegen ihre Freunde aussprechen, dafür schwer bestraft werden.

2. Und er [der Sprecher von Lashon Hara] übertritt auch [Vayikra 19:18]: "Und du sollst deinen Nächsten lieben wie dich selbst", womit uns geboten wird, für das Geld unseres Freundes so besorgt zu sein wie für unser eigenes, und für seine Ehre besorgt zu sein und zu seinem Lob zu sprechen, wie wir für unsere eigene Ehre besorgt sind. Und wenn jemand

CHOFETZ Einleitende Bemerkung **CHAIM** gegen seinen Freund in böser Zunge [Lashon Hara] und Rechiluth spricht oder empfängt, obwohl es wahr ist, so ist es offensichtlich, dass er ihn überhaupt nicht liebt - wie viel mehr verstößt er gegen "wie du selbst!" Und der große Beweis dafür [dass er gegen das "wie du selbst" verstößt] ist folgender: Kennt nicht jeder Mensch seine eigenen Unzulänglichkeiten? - Und trotzdem möchte er nicht, dass sein Freund auch nur ein Tausendstel davon erfährt! Und selbst wenn es geschieht, dass ein paar seiner Fehler seinem Freund bekannt werden, der hingeht und anderen davon erzählt - wie er dasteht und wartet und sich wünscht, der Herr möge gewähren, dass sie seine Worte nicht annehmen und ihm nicht glauben! Und das alles, damit er in ihren Augen nicht als unwürdig angesehen wird - obwohl er weiß, dass er sich sehr vieler Sünden schuldig gemacht hat, weit mehr als sein Freund offenbart hat. Trotzdem wird im Zugriff seiner Selbstliebe alles weggefegt. Genau so muss man sich also nach der Tora seinem Freund gegenüber verhalten, in jeder Hinsicht auf seine Ehre bedacht sein. Nicht umsonst hat uns die Tora die Episode von Noach erzählt [Bereschit 9,21-23]: "Und er trank von dem Wein, und er war berauscht und entblößte sich mitten in seinem Zelt. Und Cham, der Vater Kanaans, sah die Nacktheit seines Vaters, und er sagte es seinen beiden Brüdern draußen. Und Sem und Jefeth nahmen das Gewand und

CHOFETZ Einleitende Bemerkung **CHAIM**

legten es beiden auf die Schultern, und sie bedeckten die Blöße ihres Vaters, und ihre Gesichter waren nach hinten gekehrt [wenn sie sich ihm näherten, um ihn zu bedecken], und die Blöße ihres Vaters sahen sie nicht." Und die Tora erzählt uns auch den Segen, mit dem Noach sie segnete [nämlich Ebd. 26-27] und der schließlich verwirklicht wurde - um uns die Größe dieser Eigenschaft zu offenbaren, dass man jede Unschicklichkeit bei seinem Freund mit all seiner Kraft bedecken muss, so wie man es bei sich selbst tun würde!

3. Und manchmal begeht er auch Übertretungen [Vayikra 19:5]: "In Gerechtigkeit sollst du deinen Nächsten richten." Wenn man zum Beispiel seinen Freund sieht, der etwas sagt oder tut, was als gerecht und verdienstvoll oder als das Gegenteil angesehen werden kann, selbst wenn er [sein Freund] ein mittelmäßiger Mensch ist, sind wir durch die Tora in diesem positiven Gebot verpflichtet, ihn nach der Waage des Verdienstes zu beurteilen. [Und wenn dieser Mensch G-tt-fürchtig ist, sind wir verpflichtet, ihn nach den Maßstäben des Verdienstes zu beurteilen, auch wenn sie sich mehr zur Schuld als zum Verdienst neigen.] Und derjenige, der hingeht und herabsetzend über ihn spricht wegen dieser Sache, die er gesagt oder getan hat, oder der Empfänger [dieser Worte], der ihn negativ wahrnimmt wegen dem, was er über ihn gehört hat, und ihn nicht nach den

Maßstäben des Verdienstes beurteilt, übertritt dieses positive Gebot.

4. Und wenn er durch seine Lashon Hara oder rechiluth seinen Freund herabwürdigt, so dass er dadurch seinen Lebensunterhalt verliert, wie wenn er durch seine Bösherzigkeit seinen Freund als unehrlich oder, wenn er ein Arbeiter ist, als untauglich für seine Arbeit oder ähnliches anpreist, dann übertritt er auch [Vayikra 25:35]: "Und wenn dein Bruder arm wird und seine Hand bei dir fällt, dann sollst du ihn unterstützen, auch wenn er ein Proselyt oder ein Gast ist, und er soll bei dir wohnen." Und [Ibid. 16]: "Und dein Bruder soll bei dir wohnen", womit uns befohlen wird, die Hand eines Israeliten, der in Not geraten ist, zu stützen, indem wir ihm entweder ein Geschenk oder ein Darlehen geben oder mit ihm eine Partnerschaft eingehen oder eine Arbeit für ihn finden, damit er dadurch gestärkt wird und nicht fällt und von den Menschen abhängig ist. Wie viel mehr ist uns geboten, ihn nicht um seinen Lebensunterhalt zu bringen!

5. Und manchmal verstößt er auch, indem er die Lashon Hara oder die rechiluth annimmt, gegen das Gebot [Ibid. 19,16]: "Du sollst deinen Nächsten zurechtweisen." Wenn er sieht, dass sein Freund anfängt, herabsetzend über einen anderen zu sprechen, und er weiß, dass seine Worte [der Zurechtweisung] von seinem Freund angenommen werden [oder sogar die Möglichkeit besteht, dass sie angenommen werden], ist der Din, dass er ihn

CHOFETZ Einleitende Bemerkung CHAIM

zurechtweisen muss, damit die Sünde nicht vollendet wird. Wenn er ihm also erlaubt, seine Lashon Hara zu vollziehen, übertritt er sicherlich dieses positive Gebot.

6. Und alles, was wir geschrieben haben, gilt auch dann, wenn er herabsetzend über seinen Freund zu ihm [allein] spricht. Aber wenn er sich zu einer Gesellschaft von Frevlern und Händlern, die Lashon Hara sprechen, gesellt, um zu ihnen herabsetzend über seinen Freund zu sprechen oder [solche Worte] von ihnen zu hören, dann verstößt er ebenfalls gegen das Gebot [Devarim 10:20]: "Und ihm sollst du anhangen", was die Chazal so erklären, dass man an Toragelehrten anhängt, ihre Versammlungen unter allen Umständen besucht - sogar mit Toragelehrten isst und trinkt, mit ihnen Geschäfte macht und sich ihnen bei allen Arten von Aktivitäten anschließt - all das, um von ihren Taten zu lernen. Wer also das Gegenteil davon tut, indem er sich einer Gesellschaft von Bösewichten anschließt, verstößt gegen dieses positive Gebot.

7. Und all dies, auch wenn es nicht im Haus des Studiums geschieht. Aber wenn jemand im Haus des Studiums oder im Haus des Gebets Lashon Hara und Rechiluth spricht, begeht er ebenfalls eine Übertretung [Vayikra 19:30]: "Und mein Heiligtum sollt ihr fürchten." [Unser Haus des Studiums fällt in die Kategorie des Heiligtums, wie die Poskim erklären.] Und dieser Vers gebietet uns, den zu

CHOFETZ Einleitende Bemerkung CHAIM

fürchten, der dort wohnt, und deshalb dürfen wir dort nur Mitzvahs abrechnen, wie z.B. den Tzedakah-Fonds und dergleichen. Wie viel mehr ist es verboten, dort zu lachen, zu scherzen und sich müßig zu unterhalten. Und dies ist ein kategorisches Verbot, wie im Shulchan Aruch, Orach Chayim 151:11, erklärt wird. Und noch mehr ist es verboten, dort Lashon Hara oder Rechiluth zu sprechen, aus Furcht vor dem Gesegneten Herrn, der dort wohnt, abgesehen von dem schwerwiegenden Issur an sich [des Sprechens von Lashon Hara]. Indem man so spricht, zeigt man, dass man nicht glaubt, dass der Heilige, gesegnet sei Er, Seine Schechina in diesem Haus beherbergt - wodurch er die Dreistigkeit besitzt, im Haus des Königs gegen den Willen des Königs zu sprechen. Und selbst diejenigen, die die Tora regelmäßig im Studienhaus studieren, wo es ihnen erlaubt ist, zu essen und zu trinken [wie im oben erwähnten Orach Chaim, Abschnitt 1, erklärt], übertreten in jedem Fall das positive Gebot "Mein Heiligtum sollst du fürchten", wenn sie sich im Studienhaus im Issur des Lachens und Scherzes oder der Lashon Hara und Rechiluth verirren, abgesehen vom Issur selbst. Wie der Magen Avraham schrieb [151:2]: "Werden die Gelehrten der Tora nicht zur Furcht vor dem Heiligtum ermahnt? Alles, was ihnen erlaubt war, war zwangsläufig Essen und Trinken, weil sie im Haus des Studiums lernen. Wenn sie außerhalb des Studienhauses essen und trinken müssten, würden ihre

CHOFETZ CHAIM
Einleitende Bemerkung

Studien unterbrochen werden." [Was die Konversation im Allgemeinen betrifft, die für Toragelehrte im Haus des Studiums keine Leichtsinnsrede ist, siehe, was wir mit der Hilfe des Herrn im dritten Teil geschrieben haben].

8. Und wenn derjenige, vor dem er Lashon Hara oder rechiluth gesprochen hat, ein Älterer wäre und er ihn damit vor seinem Gesicht erniedrigt, selbst wenn er ein älterer Ignorant wäre, verstößt er ebenfalls [Vayikra 19:32]: "Und du sollst das Gesicht des Ältesten ehren." [Und obwohl sich der "Älteste" des Verses auf einen Weisen bezieht, haben Chazal erklärt, dass "Und du sollst ehren" auch auf "das reife Haupt" [seivah] zurückgeht, das ihm vorausgeht], denn "ehren" bezieht sich auf das Ehren mit Worten, d.h., mit ihm mit Ehre und Respekt zu sprechen. Und wenn er ihn erniedrigt, ehrt er ihn gewiss nicht. Ebenso verstößt er, wenn er weise ist, auch wenn er nicht alt ist, gegen dieses positive Gebot. Denn der "Älteste" [zaken] des Verses bezieht sich auf einen Weisen, wie es erklärt wird: [zaken] "derjenige, der Weisheit erlangt hat" [abgesehen davon, dass er damit das schwerwiegendere Issur, einen Toragelehrten zu beschämen, übertritt und damit nach dem Din in die Kategorie der Apikoren [Ketzer] fällt. Wir werden darauf eingehen, so der Herr will.] Und wenn er ein Ältester und auch ein Weiser ist, verstößt er doppelt gegen "Und du sollst ehren".

9. Und wenn derjenige, von dem er sprach, ein

CHOFETZ Einleitende Bemerkung CHAIM

Cohanim war und er ihn so vor seinem Gesicht erniedrigte, so hat auch er gegen das Gesetz verstoßen [Vayikra 21:8]: "Und du sollst ihn heiligen", womit wir ermahnt werden, ihnen [den Cohanim] große Ehre zu erweisen. Und da er Lashon Hara oder rechiluth gegen ihn spricht und ihn beschämt, ehrt er ihn damit gewiss nicht, und er verstößt.

10. Und wenn er [derjenige, gegen den gesprochen wird] sein älterer Bruder wäre, oder der Ehemann seiner Mutter oder die Frau seines Vaters, dann übertritt er auch das positive Gebot des "Ehrens", da sie [in dieser Mizwa durch den Zusatz "ve'eth" eingeschlossen sind, [[Schemot 20:12]: "Ehre deinen Vater und [ve'eth] deine Mutter", wie in Kethuvoth 103a erklärt]]. Wie viel mehr - wenn, G-tt bewahre, [er Lashon Hara] gegen seinen Vater oder seine Mutter selbst spricht, wo er sicherlich das positive Gebot, Vater und Mutter zu ehren, übertritt - [ist solch Lashon Hara besonders ungeheuerlich]! Abgesehen von all dem verstößt er auch gegen Devarim 27:16: "Verflucht ist, wer seinen Vater und seine Mutter erniedrigt" - möge der Himmel uns schützen!

11. Und in allen Fällen übertritt er auch [Devarim 6:13]: "Den HERRN, deinen G-tt, sollst du fürchten", womit wir ermahnt werden, den Gesegneten HERRN zu fürchten alle Tage unseres Lebens. Und wenn uns eine Tat zur Hand geht, sind wir verpflichtet, unseren Geist zu dieser Zeit zu erwecken [zu der Erkenntnis],

CHOFETZ Einleitende Bemerkung CHAIM

dass der Heilige, gepriesen sei Er, die Taten aller Menschen beobachtet und ihnen "Rache" verschafft, entsprechend dem Übel der Tat; und [in dieser Erkenntnis] wird er sich davor hüten, den Willen seines Schöpfers zu übertreten. Und mit Sicherheit verstößt jemand, der seine Seele dieser schweren Übertretung von Lashon Hara und rechiluth überlässt, gegen dieses positive Gebot [der Furcht vor dem HERRN].

12. Und in jedem Fall übertritt er zu der Zeit, in der er Lashon Hara und rechiluth spricht, die Mitzwa des Lernens der Tora, die ein absolutes positives Gebot ist, wie der Rambam in [Hilchoth Talmud Tora 1] und in seinem Sefer Hamitzvoth [Positive Gebote 11] und von allen Aufzählern der Mitzwa erklärt. Und es gibt keine Grenze für die Belohnung dieser Mitzwa, die über alle Mitzwa hinausgeht, wie in der Mischna [Peah 1:1] und in Yerushalmi [Ibid] erklärt wird. Denn alle Mitzvoth sind nicht mit einem einzigen Tora-Spruch vergleichbar. Umgekehrt ist die Strafe für ihre Vernachlässigung höher als alle anderen Übertretungen, wie Chazal erklärt haben [Petichah d'Eichah Rabbati 2]: "Der Heilige, gepriesen sei Er, hat die Sünden des Götzendienstes, der unerlaubten Beziehungen und des Blutvergießens 'übersehen'; aber Er hat die Sünde der Vernachlässigung der Tora nicht übersehen." Zu anderen Zeiten wird man wegen der Übertretung dieser Sünde [der Vernachlässigung des Torastudiums] vom Din "in der Höhe" freigesprochen, weil man damit

CHOFETZ Einleitende Bemerkung CHAIM

beschäftigt ist, seinen Lebensunterhalt zu verdienen oder darüber nachzudenken, wie man ihn gewinnen kann. Aber wenn er Lashon Hara oder rechiluth spricht, wie wird sein Lebensunterhalt dadurch "gewonnen"? Und er übertritt auch in dieser Zeit des Sprechens [Lashon Hara] viele negative Gebote. Wie in Semag [Negative Gebote 13] erklärt, werden wir von der Tora in vielen negativen Geboten ermahnt, uns nicht in irgendeiner Weise von der Tora zu trennen. Denn es gibt immer einen Weg, wie man das positive Gebot des Torastudiums erfüllen kann - wenn er ein ständiger Lernender ist, durch sein Lernen; und wenn er kein Lernender ist, kann er die heiligen Werke studieren, die in unserer Zeit in die Volkssprache [Jiddisch] übersetzt werden, wie Chovoth Halevavoth, Menorath Hamaor und dergleichen; und er muss nicht müßig bleiben, Tora zu lernen, und Lashon Hara und rechiluth [stattdessen] sprechen. Und ich habe diese [Idee] auch im Namen des GRA [des Gaon von Vilna] gesehen, der den Unterschied zwischen Din [Urteil] und Cheschbon [Abrechnung] erklärte. "Din" - man wird für die Übertretung selbst verurteilt; cheshbon - man wird zum Zeitpunkt der Verurteilung für die Übertretung zur Rechenschaft gezogen - für die Zeit, die man dann mit der Erfüllung einer Mitzwa hätte verbringen können. "Wehe uns am Tag des Din!" Was können wir antworten, wenn der Heilige, gesegnet sei Er, uns für jeden Moment des müßigen, abfälligen Geredes und des

CHOFETZ Einleitende Bemerkung **CHAIM**

Leichtsinns oder der Rechiluth und der Lashon Hara sogar das Vergehen der Vernachlässigung der Tora allein für diese Zeit anrechnet! Denn in Wahrheit erfüllt man mit jedem Wort des Thora-Lernens das positive Gebot [des Thora-Studiums] selbst! Und wenn man ein Kapitel Mischnayoth oder eine Seite Gemara lernt, erfüllt man viele hundert Mitzwot, wie der GRA seligen Andenkens in Sch'noth Eliyahu [Peah 1:1] im Namen des Yerushalmi schrieb. Wenn das so ist, kommt das Cheschbon zu vielen Tausenden von heiligen Worten der Tora, von denen jedes für sich eine große Mitzwa ist, die wir aktiv annulliert haben, und gegen sie, viele Tausende von Übertretungen der Vernachlässigung des positiven Gebots des Torastudiums, die wir gerade zu dieser Zeit begangen haben! Und wie viel schwerer wiegt die Sünde, wenn man gerade dann, wenn man sich von der Tora trennt, Lashon Hara und dergleichen spricht. Denn mit jeder herabsetzenden Bemerkung, die er gegen seinen Freund macht, übertritt er ein [eindeutiges] negatives Gebot an sich, wie in Makkoth 20b und im Namen von Rabbeinu Jona oben erwähnt. Wenn wir also für jeden Moment von Lashon Hara nur die Übertretung der Trennung von der Tora zählen, kommen mehrere hundert [Übertretungen von] negativen und positiven Geboten dazu. Und wie viel mehr, wenn wir dazu [die Übertretung] vieler anderer negativer und positiver Gebote addieren, die wir bis jetzt dargelegt haben. Man muß sich also von der Aufzählung solcher Eitelkeiten fernhalten!

13. Und all das, was wir bisher erörtert haben, gilt auch dann, wenn er [Lashon Hara] über seinen Freund spricht, was wahr ist; aber wenn sich in seine Lashon Hara oder rechiluth etwas mischt, was teilweise falsch ist, übertritt er auch ein positives Gebot der Tora, nämlich [Schemot 23:7]: "Von einer Sache der Falschheit halte dich fern." Und auch sein Name [d.h. seine Einstufung] ändert sich dadurch zum Schlechten, er wird nun "motzi shem ra" ["der Verbreiter eines schlechten Namens"] genannt. Und seine Strafe ist viel härter als die für den Sprecher von Lashon Hara und rechiluth im Allgemeinen.

14. Es ist auch offensichtlich, dass er [in allen acht Arten] auch übertritt [Devarim 28:9]: "Und du sollst auf seinen Wegen wandeln", wobei uns befohlen wurde, die Eigenschaften des Heiligen, gesegnet sei Er, nachzuahmen, die alle allein zum Guten dienen, wie Chazal gesagt haben [Schabbat 133b]: "So wie Er barmherzig ist, so seid auch ihr barmherzig; so wie Er gnädig ist, so seid auch ihr gnädig", und so ist es auch mit den anderen guten Eigenschaften, wie der Rambam erklärt [Hilchoth Deoth 1:5 und 6]. Und wir finden bei dem Heiligen, gepriesen sei Er, in Seinen reinen und heiligen Zügen, dass Er die Täuschung [Informierung] in jeder Weise hasst, sogar gegen die verwerflichsten Menschen, wie Chazal in der Episode von

CHOFETZ Einleitende Bemerkung CHAIM

Achan [nämlich Josua 7] gesagt haben [Sanhedrin 11a]: "Bin ich [der Herr] ein Verführer für euch?" Und Er hofft auf das Gute und nicht auf das Böse [vgl. Tanna d'bei Eliyahu 1], und [Sotah 42a]: "Vier Klassen schauen die g-ttliche Gegenwart nicht an: ...die Klasse der Sprecher von Lashon Hara, wie es geschrieben steht [Tehillim 5:5]: 'Denn Du bist kein G-tt, der Schlechtigkeit begehrt, das Böse soll nicht bei Dir wohnen.'" Daher wandelt jemand, der sich an diesen bösen Charakterzug gewöhnt, nicht auf dem Weg des Herrn, der nur darin besteht, anderen Gutes zu tun, sondern er tut das Gegenteil - weshalb die Tora [Lashon Hara] als "böse" bezeichnet -, so dass er auch dieses positive Gebot übertritt [d.h., "Wir haben also vierzehn positive Gebote aufgezählt, die dazu neigen, von Lashon Hara und rechiluth übertreten zu werden [abgesehen von den oben erwähnten siebzehn negativen Geboten]. Und obwohl alle siebzehn negativen Gebote und vierzehn positiven Gebote nicht mit einem Menschen und mit einem Lapsus erreicht werden können, wie dem Leser klar ist, so wird doch jeder, der sich, G-tt bewahre, an diesen bösen Charakterzug gewöhnt hat, im Laufe der Zeit sicherlich alle übertreten. Denn manchmal wird er kommen, um Lashon Hara gegen einen Ältesten zu sprechen, und manchmal gegen einen Weisen. Und manchmal wird er ihn ins Gesicht erniedrigen und manchmal nicht, wie oben erwähnt.

CHOFETZ Einleitende Bemerkung CHAIM

Flüche

Und nun werden wir mit der Hilfe des Herrn erklären, was wir am Anfang vorausgesagt haben, um im Detail zu zeigen, wie viele Arurin derjenige auf sich lädt, der sich nicht vor diesem bösen Charakterzug schützt.

1. Abgesehen von allen oben erwähnten negativen und positiven Geboten, übertritt er [Devarim 27:24]: "Verflucht sei, wer seinen Nächsten heimlich schlägt", was sich auf Lashon Hara bezieht, wie wir in Sifrei und in Raschis Kommentar zum Chumasch finden.

2. Er begeht auch Übertretungen [Devarim 27:18]: "Verflucht ist, wer den Blinden auf dem Weg in die Irre führt", wobei bekannt ist, dass die Absicht der Schrift darin besteht, denjenigen zu verfluchen, der einem anderen einen Stolperstein in den Weg legt, so dass er ein Issur begeht, wie im negativen Gebot [Vayikra 19:14]: "Und vor den Blinden sollst du keinen Stolperstein legen", was wir bereits erklärt haben [Negative Gebote 4], da es auch in diese Kategorie fällt.

3. Und wenn [G-tt bewahre] diese Angelegenheit für ihn hefker [belanglos] wird, so dass er es nicht auf sich nimmt, sich davor zu schützen, übertritt er noch ein drittes Arur [Devarim 27:26]: "Verflucht ist, wer die Worte dieser Tora nicht erfüllt, um sie zu tun", was so verstanden wird, dass er es nicht auf sich nimmt, die gesamte Tora zu erfüllen. Und er wird ein "Mumar [Ketzer] in Bezug auf eine

CHOFETZ Einleitende Bemerkung CHAIM

Sache" genannt, weil er diesen schweren Issur grundlos übertritt, indem er diesen Artikel der Tora des Herrn als hefker betrachtet - wie jeder andere "Mumar in Bezug auf die gesamte Tora". Daher ist seine Sünde zu groß, um sie zu vergeben. Wir haben also drei Arurin aufgezählt, die oft mit diesem schlechten Charakterzug einhergehen.

[Und wenn, G-tt bewahre, die Lashon Hara sich gegen seinen Vater und seine Mutter richten würde, verstößt er auch gegen ein viertes arur [Ibid 16]: "Verflucht ist, wer seinen Vater und seine Mutter erniedrigt", was wir bereits oben [Positives Gebot 14] im Mekor Hachaim und im Be'er Mayim Chayim erklärt haben].

Die folgende Gemara [Schewuoth 36a] ist wohlbekannt: "'Arur' bedeutet 'Fluch', 'Verbannung' und 'Schwur'". Daher muss jeder, der weiß, dass er sich dieser bitteren Sünde schuldig gemacht hat, um seine Seele fürchten, damit er nicht [G-tt bewahre] vom Himmel deswegen "verbannt" wird [wie es in den Charedim über jemanden steht, der seinen Vater und seine Mutter erniedrigt].

Und noch andere Übel rühren von der bitteren Sünde der Lashon Hara her, wie die niedere Eigenschaft der Grausamkeit und die des Zorns, die eine schwere Sünde ist, wie Chazal in Shabbath [105b] ausführt. Und sehr oft führt sie zu Leichtsinn und zu anderen üblen Eigenschaften dieser Art. Deshalb hat die Tora aus allen Worten dieser Einleitung, aus denen

CHOFETZ Einleitende Bemerkung CHAIM

wir die Größe des Schadens verstehen können, der durch Lashon Hara und rechiluth angerichtet wird, dieses issur ausdrücklich beschrieben und ihm ein eigenes negatives Gebot zugewiesen [nämlich Vayikra 19:16]: "Du sollst nicht schwatzhaft unter deinem Volk sein", mehr als alle anderen schlechten Eigenschaften, wie wir am Anfang unserer Einleitung geschrieben haben; und damit ist die Einleitung abgeschlossen.

Und ich möchte meinen Freund, den Leser, bitten, diese Einleitung immer wieder zu lesen, denn sie ist in dieser Hinsicht für die Zukunft sicherlich von größerem Nutzen als alles andere. Denn sie ist den Rishonim entnommen, deren Worte rein und heilig sind und wie Flammen brennen. Und gewiss haben sie sich vor diesem niederen Charakterzug bis zum Ende gehütet, weshalb ihre Worte einen tiefen Eindruck in den Herzen ihrer Leser hinterlassen. Und der Leser soll auch wissen, dass ich die negativen und positiven Gebote nicht zufällig ausgewählt habe, sondern dass ich die 613 Mitzvoth sorgfältig erforscht und erläutert habe, und dass ich mich sehr abgemüht habe, bis der Heilige, gepriesen sei Er, mir half, die für unser Thema relevanten [Gebote] zu finden.

Und damit der Leser sich nicht wundert, weil das Issur der Lashon Hara so groß ist, ebenso wie das der verbalen Beleidigung, warum finden wir in der Gemara viele Male, dass eine Amora ihren Kollegen zu verspotten scheint.

CHOFETZ Einleitende Bemerkung CHAIM

Auch dazu habe ich "die Augen geöffnet", und deshalb habe ich die Antwort des Chavoth Yair, die am Ende des Buches steht, abgeschrieben. Und im Buch selbst habe ich auch viele [scheinbar widersprüchliche] Zitate aufgelöst, ein wenig hier, ein wenig dort.

CHOFETZ CHAIM

Erster Teil

Das Verbot von Lashon Hara

Grundsatz 1

Einleitende Bemerkung

In diesem Grundsatz wird das Issur von Lashon Hara - durch den Mund, durch Zeichen oder durch Briefe - und die Größe der Strafe für denjenigen, der sich an diese Sünde gewöhnt hat, und die Belohnung für denjenigen, der sich vor dieser bitteren Sünde hütet, sowie weitere Einzelheiten erklärt. Es enthält neun Abschnitte.

Seif 1. Es ist verboten, herabsetzend über einen Freund zu sprechen, selbst wenn es die absolute Wahrheit ist. Und dies wird von Chazal überall als "Lashon Hara" bezeichnet. [Denn wenn in seinen Worten eine Beimischung von Unwahrheit wäre, durch die sein Freund noch mehr herabgewürdigt wird, fällt dies in die Kategorie "motzi shem ra" [Verbreitung einer Falschmeldung], in der seine Sünde weit größer ist]. Und der Sprecher [von Lashon Hara] verstößt gegen ein negatives Gebot, nämlich [Vayikra 19:16]: "Du sollst nicht schwatzhaft unter deinem Volk sein." Und dies [Lashon Hara] fällt auch in die Kategorie der rechiluth.

Seif 2. Dieses negative Gebot, das wir angeführt haben, ist das, was die Tora explizit für dieses Issur von Lashon Hara und Rechiluth angibt. Aber abgesehen davon gibt es viele andere negative und positive Gebote, die man durch das Sprechen von Lashon Hara übertritt, wie in der vorangegangenen Einleitung erklärt.

Seif 3. All das nur, wenn man zufällig herablassend über seinen Freund spricht. Aber wenn er [G-tt bewahre] an diese Sünde gewöhnt ist, wie diejenigen, die gewöhnlich sitzen und sagen: "So und so hat Ploni [so und so] gehandelt", "So und so haben seine Väter gehandelt", "Dies und das habe ich über ihn gehört" - solche Menschen werden von Chazal "ba'alei [Menschen der] Lashon Hara" genannt, und ihre Strafe ist weit größer [als die der ersteren]. Denn in ihrer Verderbtheit des Geistes und ihrer Bosheit des Herzens übertreten sie die Tora des Herrn, und sie wird ihnen hefker, wie oben am Ende der Einleitung erklärt. Und über sie heißt es in der Überlieferung [Psalmen 12,4]: "Der HERR schneide ab alle geschmeidigen Lippen, die Zunge, die hochmütig redet."

Seif 4. Chazal haben gesagt: Für drei Übertretungen wird der Mensch in dieser Welt bestraft, und er hat keinen Anteil an der kommenden Welt: Götzendienst, unerlaubte Beziehungen und Blutvergießen - und vor allem Lashon Hara. Chazal haben dies aus der Heiligen Schrift bewiesen. Und die Rischonim haben erklärt, dass damit diejenigen gemeint sind, die sich an diese Sünde [Lashon Hara] gewöhnt haben und die es nicht auf sich nehmen, sich davor zu hüten, weil es ihnen "erlaubt" wurde.

Seif 5. Es gibt keinen Unterschied im Issur des Sprechens [Lashon Hara], ob man es aus eigenem Antrieb spricht oder ob sein Freund über ihm steht und ihn bittet, es ihm zu sagen - in beiden Fällen ist es verboten. Und selbst wenn sein Vater oder sein Rabbi - die er zu ehren und zu fürchten verpflichtet ist und deren Worten er nicht widersprechen darf -, selbst wenn sie ihn auffordern, von einer bestimmten Sache zu sprechen, und er weiß, dass er inmitten des Berichts zwangsläufig dazu kommen wird, Lashon Hara oder auch nur den "Staub" von Lashon Hara zu sprechen, ist es ihm untersagt, einzuwilligen.

Seif 6. Selbst wenn man sieht, dass, wenn man sich vornimmt, niemals abwertend über einen Juden zu sprechen oder irgendetwas anderes Verbotenes zu sagen, sein Lebensunterhalt sehr darunter leiden wird, wie wenn er in den Diensten anderer steht, die nicht die geringste Spur von Tora an sich haben [und es ist wohl bekannt, dass solche Menschen in unseren vielen Sünden so sehr von dieser Sünde durchdrungen sind, dass sie, wenn sie jemanden sehen, dessen Mund nicht so weit offen ist wie der ihre [in Lashon Hara], sie ihn für einen Dummkopf und einen Einfaltspinsel halten und ihn deshalb von seiner Arbeit entlassen und ihm den Lebensunterhalt entziehen können], trotzdem ist es verboten [zu übertreten], wie es bei allen anderen negativen Geboten der Fall ist, für die man lieber alles aufgeben muss, was man besitzt, als sie zu übertreten [vgl. Joreh Deah 157:1].

Seif 7. Und daraus können wir verstehen, dass Lashon Hara sicherlich in einem Fall verboten ist, in dem nur die persönliche Ehre auf dem Spiel steht. Zum Beispiel, wenn man in einer Gesellschaft von Männern sitzt und keine Möglichkeit hat, ihnen auszuweichen, und sie über Dinge sprechen, die nach dem Din verboten sind. Wenn er schweigend dasitzt und sie in keiner Weise bei ihrem Gespräch unterstützt, wird er als "verrückt" angesehen. Über diese und alle anderen Dinge haben Chazal gesagt [Eduyoth 5:6]: "Es ist besser, dass ein Mensch sein ganzes Leben lang 'Narr' genannt wird, als dass er auch nur einen Augenblick vor dem HERRN böse ist." Er muss in diesem Moment all seine Kräfte aufbieten, um der Prüfung standzuhalten, und [wenn er das tut], kann er völlig zuversichtlich sein, dass seine Belohnung durch den gesegneten HERRN dafür ohne Ende sein wird. Wie Chazal erklärt haben [Avoth 5:23]: "Entsprechend der Anstrengung ist der Lohn." Und, in Avoth d'R. Nathan: "Ein Mal mit Anstrengung für hundert Mal ohne Anstrengung." [Das heißt, der Lohn für die Verrichtung einer Mitzwa oder die Enthaltung von einem Issur, die eine Anstrengung mit sich bringt, ist hundertmal mehr als für die gleiche

Art, die keine Anstrengung mit sich bringt.] Und auf eine solche Zeit [der Prüfung wie die obige] trifft sicherlich die Aussage von Chazal im Midrasch zu: "Denn in jedem Augenblick, in dem man seinen Mund 'mundtot' macht, gelangt man zu einem so verborgenen Licht, wie es sich kein Engel oder [g-ttliches] Geschöpf vorstellen kann." [Wie man sich in Bezug auf Zurechtweisung und Zuhören verhalten sollte, wenn man in einer solch bösen Gesellschaft wie dieser "ertappt" wird, siehe unten Grundsatz VI, Abschnitte 4-6, und oben, in der Einleitung zu den negativen Geboten, Abschnitt 16].

Seif 8. Diese issur der Lashon Hara gilt unabhängig davon, ob sie tatsächlich mit dem Mund gesprochen oder in einem Brief mitgeteilt wird. Es macht auch keinen Unterschied, ob er es ausdrücklich oder durch Zeichen sagt. In allen Fällen fällt es in die Kategorie der bösen Zunge.

Seif 9. Und wisst auch, dass er, selbst wenn er seinen Freund mit der gleichen Verleumdung erniedrigt hat - selbst wenn er damit begonnen hat, gegen sich selbst zu wettern -, er dennoch nicht aus der Reihe der Verleumder herausgetreten ist.

Grundsatz 2

Einleitende Bemerkung

In diesem Prinzip wird das Din von Lashon

Hara in Gegenwart von drei [apeitelata] in allen Einzelheiten erklärt. Es enthält dreizehn Abschnitte.

Seif 1. Es ist verboten, Peitsche gegen einen Freund zu sprechen, auch wenn es wahr ist, auch vor einem, und noch mehr vor vielen. Und je mehr Zuhörer, desto größer ist die Sünde des Sprechers; denn sein Freund wird dadurch noch mehr erniedrigt, da sein Makel vor mehreren Leuten bekannt wird. Außerdem bringt er dadurch mehrere Menschen dazu, in der Issur des Hörens von Lashon Hara in die Irre zu gehen.

Seif 2. Was die Tatsache betrifft, dass in den Worten von Chazal ein Heter [eine halachische Erlaubnis] gefunden wurde, es vor drei zu sagen, so bezieht sich dies auf etwas, das kein absoluter Makel ist und das auf zwei Arten verstanden werden kann. Es ist allgemein bekannt, dass solche Dinge davon abhängen, wie sie gesagt werden. Chazal erlaubte es, so etwas in Anwesenheit von drei Personen zu sagen, mit der Begründung, dass er, wenn er es vor drei Personen sagt, mit Sicherheit weiß, dass diese Dinge zu seinen [des Betreffenden] Ohren kommen werden [denn "dein Freund hat einen Freund, usw."]. Der Sprecher achtet also beim Sprechen darauf, dass das, was er sagt, nicht negativ verstanden wird. [Eine Illustration soll für alle Fälle der gleichen Art dienen. Wenn jemand gefragt wird: "Wo findet man Feuer?" und er antwortet: "Man findet es dort, wo sie immer Fleisch und Fisch kochen."

Dies kann so verstanden werden, wie es gerade gesagt wird. Wenn er will, kann er es in einem Ton sagen, der keinen Makel gegen seinen Freund enthält. Denn in Wahrheit liegt darin manchmal kein Fehler. Es mag sein, dass er eine große Familie hat und dass der Heilige, gepriesen sei Er, ihn mit Reichtum gesegnet hat, oder dass er ein Gastwirt oder ähnliches ist, und wenn er [der Sprecher] gefragt wird, wo Feuer zu finden ist, antwortet er [ganz angemessen], dass es jetzt kein Feuer zu finden gibt, außer in diesem Haus, wo sie immer kochen, usw. All diese Dinge, die in die Kategorie des "Staubs" von Lashon Hara fallen, hängen davon ab, wie sie zu diesem Zeitpunkt ausgedrückt werden. Aber wenn der "Ton" seiner Stimme und seiner Bewegungen besagt, dass er [der Besitzer des Hauses oder des Gasthauses] dem Schlemmen übermäßig frönt, auch wenn dies kein absoluter Makel ist, hat Chazal dies als "Staub" von Lashon Hara bezeichnet, und es ist verboten, dies zu sagen, selbst in Gegenwart von drei Personen].

Seif 3. Es gibt einige, die sagen, dass, wenn jemand vor drei Personen herabsetzend über seinen Freund spricht, obwohl er, wie bereits erwähnt, sicherlich das Issur von Lashon Hara übertritt, er dennoch, wenn einer der drei, die diese Sache gehört haben, sie danach anderen erzählt, dadurch nicht das Issur von Lashon Hara übertritt, aufgrund der Tatsache, dass, wenn drei davon wissen, die Sache gehört wurde und allen bekannt geworden ist, denn

"Dein Freund hat einen Freund, usw., "und die Thora verbietet nicht als Lashon Hara etwas, das zwangsläufig bekannt wird. Und [das ist so] nur, wenn er es zufällig erzählt; aber nicht, wenn er beabsichtigt, es zu verbreiten und mehr bekannt zu machen. Selbst wenn er es nicht im Namen desjenigen erzählt, der es ihm gesagt hat [so dass es kein rechiluth gibt], sondern beiläufig, mit dem Effekt, dass dies und jenes über Ploni gehört wurde, entgeht er nicht dem issur von Lashon Hara.

Seif 4. Und sogar unser Heter [dies einem anderen zu wiederholen], wo keine Absicht besteht, es zu veröffentlichen, gilt nur für den ersten Hörer, der selbst gehört hat, was Reuven über Schimon in Gegenwart von drei Personen gesagt hat. Aber demjenigen, der es von ihm gehört hat, ist es verboten, danach zu gehen und aufgrund der Tatsache, dass ihm gesagt wurde, dass er es in Anwesenheit von drei Personen gehört hat, einem anderen von dem Makel zu erzählen, den er gehört hat, der Schimon zugeschrieben wird, auch wenn er nicht erwähnt, wer es ist, der diese Verleumdung gegen Schimon verbreitet hat - es sei denn, die Sache wurde bekannt und wurde allen bekannt. Und dies gilt nicht nur dann, wenn dieser zweite Hörer selbst nicht weiß, ob die Behauptung - dass Reuven Schimon verleumdet hat - wahr ist, in welchem Fall es ihm sicherlich verboten ist, ihm [seinem Informanten] zu glauben, dass Reuven das Issur von Lashon Hara übertreten hat. Aber auch wenn er selbst weiß, dass Reuven sich herabsetzend über Schimon geäußert hat, aber nicht weiß, ob er dies in Anwesenheit von drei Personen getan hat, ist es ihm trotzdem verboten, sich auf seine diesbezüglichen Worte zu verlassen, und wir befürchten, dass es vielleicht nicht in Anwesenheit von drei Personen war und dass es nicht zwangsläufig öffentlich bekannt werden muss, weshalb es ihm [dem zweiten Zuhörer] verboten ist, es jemandem zu erzählen.

Seif 5. Es scheint mir, dass, wenn die Erzählung in Anwesenheit von drei G-tt-fürchtenden Menschen stattfand, die sich selbst vor den Verboten von Lashon Hara schützen, dann ist es selbstverständlich, dass dieser Bericht nicht gehört werden muss; und wenn dies der Fall ist, dann ist es nach dem Gesetz der Tora verboten, ihn danach einem anderen zu erzählen. Und selbst wenn nur einer der drei G-tt-fürchtig wäre und sich vor dem issur von Lashon Hara hüten würde, bliebe der din derselbe, denn es gibt nicht mehr drei [potentielle] "Publizisten". Und es könnte sein, dass dies das Din ist, wenn einer der drei ein Verwandter oder ein enger Freund des Verleumders wäre. Die gleiche Überlegung gilt hier. Denn er wird sicherlich nicht hingehen und allen den Makel seines Verwandten oder seines engen Freundes offenbaren, so dass es nicht drei [potenzielle Publizisten] gibt, die anwesend waren.

Seif 6. Es scheint mir auch, dass es nur in der

Stadt, in der der Bericht in Anwesenheit von drei Personen gehört wurde, erlaubt ist, ihn auf der Grundlage von "Dein Freund hat einen Freund, usw." zu enthüllen, aber nicht in einer anderen Stadt, selbst wenn es eine Kommunikation [wörtlich: "Karawanen"] zwischen den beiden gab. [Siehe Be'er Mayim Chayim.]

Seif 7. Und wenn der Sprecher [die Zuhörer] ermahnt hat, es nicht zu offenbaren, selbst wenn er es vor vielen gesagt hat, gilt die issur der Lashon Hara für denjenigen, der es danach offenbart, auch wenn es zufällig ist. Und selbst wenn er sieht, dass einer der Zuhörer oder zwei diese Ermahnung nicht beachtet haben und [das, was "er" gehört hat] anderen offenbart haben, darf dieser Dritte die Sache trotzdem nicht anderen offenbaren, auch nicht durch Zufall. [Siehe Be'er Mayim Chayim.]

Seif 8. Es macht keinen Unterschied in der Sprache der Ermahnung, ob er sie ermahnt, das Thema überhaupt nicht mehr zu erwähnen, oder ob er zu ihnen sagt: "Lasst nichts davon bei euch bekannt werden" - in allen Modi ist es verboten, die Erniedrigung eines anderen zu offenbaren, sogar einer anderen Person; wie viel mehr dem Erniedrigten selbst. Denn wenn es einem anderen offenbart wird, wird es am Ende allen bekannt werden, und sogar ihm [dem Erniedrigten] durch die Kanäle "Dein Freund hat einen Freund usw.". Es scheint auch klar zu sein, dass [das Heter von apei telata nur gilt], wenn die Zuhörer drei waren, im

Gegensatz zu einem Fall von zwei, die vor zwei sprachen, wo dieses Heter überhaupt nicht gilt. [Siehe Be'er Mayim Chayim.]

Seif 9. Und all das, was wir gesagt haben, gilt für das Issur, es selbst zu wiederholen, aber [G-tt bewahre] auch nur ein Wort hinzuzufügen oder die Sache vor dem Hörer "auszuschmücken", indem er sagt, dass das, was gegen Schimon gesagt wurde, sehr gut gesagt wurde, und ähnliches - das ist sicherlich in allen Modi verboten, denn er schadet ihm dadurch mit seinen Worten mehr, als er geschädigt worden wäre, wenn er selbst [den ursprünglichen Bericht] innerhalb der normalen Dynamik von apei telata gehört hätte. Und darüber hinaus ist es durch dieses [Hinzufügen zum Original] klar, dass er den Bericht als wahr akzeptiert, und das ist von allen [Poskim] in allen Modi verboten, wie unten, bitte G-tt, in Prinzip 7, Abschnitt 1, erklärt wird.

Und deshalb muss man sehr aufpassen, auch wenn man weiß, dass ein Mann in seiner Jugend einen bestimmten Fehler hatte, aber von da an bis jetzt hat er sich korrekt verhalten; oder wenn man von seinen Vorfahren weiß, dass sie sich überhaupt nicht korrekt verhalten haben, aber er hält sich nicht an ihre Wege, und all solche Dinge, wo er in Wahrheit nicht verleumdet werden kann, ist es verboten, ihn zu erniedrigen oder ihn vor seinen Freunden wegen dieses [frühen Fehlers] zu beschämen. Und jemand, der übertritt und über diese Dinge vor anderen spricht, wenn auch nicht in seiner Gegenwart, um ihn in den Augen seines Volkes zu beschämen, auch wenn er nichts zur Wahrheit hinzufügt, ist in der Klasse der Sprecher von Lashon Hara, die die g-ttliche Gegenwart nicht erblicken, wie in Sha'arei Teshuvah 214 erklärt. Und das Heter von apei telata gilt in einem solchen Fall nicht, selbst wenn die Sache allen bekannt ist, da er [der Betreffende dieses Berichts] in Wahrheit keinen Makel trägt, wie in Yechezkel [18:20-22] geschrieben steht: "Der Sohn soll die Sünde des Vaters nicht tragen. Und der Gottlose, wenn er sich von all seinen Sünden, die er getan hat, abwendet ... Alle Sünden, die er getan hat, werden ihm nicht in seiner Gerechtigkeit angerechnet. In der Gerechtigkeit, die er getan hat, wird er leben." Und derjenige, der ihm das vorhält, macht ihn zum Gespött der Menschen.

Seif 10. Und wissen Sie auch, dass das gesamte Heter von apei telata für den Sprecher gilt. Was aber den Hörer betrifft - d.h. wenn er weiß, dass der Hörer so beschaffen ist, dass er, sobald er den Bericht hört, ihn als Wahrheit gegen Schimon annimmt und vielleicht sogar etwas Herabsetzendes gegen ihn hinzufügt -, so ist es einem solchen Mann verboten, etwas Herabsetzendes über seinen Freund in irgendeiner Form anzudeuten. Wer das tut, begeht eine Übertretung [Vayikra 19:14]: "Vor den Blinden sollst du keinen Stolperstein legen", wie wir oben in der Einleitung in Bezug auf dieses negative Gebot dargelegt haben. Und alles, was wir über diesen Grundsatz in Richtung issur geschrieben haben, gilt auch dann, wenn dieser Redner den Namen des ersten Redners, der in Anwesenheit von drei Personen sprach, nicht erwähne, sondern nur sagte, dass dies und das über Ploni gehört wurde. Auch so ist es verboten. Und nach all diesen Dingen und dieser Wahrheit, die wir erklärt haben, sieh, mein Bruder, wie sehr man sich von dieser Nachsicht [der apei telata] distanzieren muss, die in der Realität praktisch keinen Platz hat; und vor allem, selbst wenn alle Bedingungen [für die Nachsicht] gegeben sind, ist immer noch zu bestimmen, ob die Halacha mit dieser Meinung [der Nachsicht] übereinstimmt, da es nach Meinung vieler Poskim keine Quelle für diese Nachsicht im Talmud gibt [wie wir im Abschnitt 4 im Be'er Mayim Chayim geschrieben haben]. Deshalb wird jemand, der seine Seele hütet, sich davon distanzieren.

Seif 11. Und nun, nach dem, was wir mit Hilfe des gesegneten Herrn über die Grundsätze von apei telata erklärt haben, [erkennen wir, dass] darauf geachtet werden muss, dass, wenn die sieben städtischen Würdenträger den Vorsitz über die Handlungen der Männer der Stadt in Angelegenheiten der Veranlagung und dergleichen führen, wo ihr Urteil zum Nachteil des einen und zum Vorteil des anderen ausfallen wird, und sie sind unterschiedlicher Meinung und entscheiden nach der Mehrheit -

wenn sie den Gemeindesaal verlassen, muss sich jeder sehr hüten, danach seine Meinung oder die Meinung von Ploni dahingehend zu erzählen, dass er anfangs der Meinung war, dem Betroffenen gegenüber Milde walten zu lassen, aber seine Kollegen haben ihn überstimmt und ihn gezwungen, ihre Meinung anzunehmen. Und es versteht sich von selbst, dass, wenn sie sich von Anfang an darauf geeinigt haben, dass sie, wenn sie die Gemeinschaftskammer verlassen, dem Mann, der in die Schuld verwickelt ist, ihre Überlegungen nicht offenbaren oder erzählen - [es versteht sich von selbst], dass, wenn er dies tun würde, dies eine absolute issur wäre; aber selbst wenn er ganz beiläufig, ohne die Absicht, irgendetwas zu offenbaren, dies einem anderen in einer Weise mitteilte, dass aus seinen Worten hervorging, dass er auch jetzt nicht zu dieser [Mehrheitsmeinung] neigte, aber dass er sie mit den anderen nicht bestreiten konnte, ist auch dies ein absoluter issur. [Und nach der Meinung von Hayad Haketanah [Hilchoth Deoth 9] ist es auch verboten, wenn man beiläufig erzählt, dass man anfangs der Meinung war, mit dem Betreffenden Milde walten zu lassen, es aber zu einer Abstimmung kam und man sich nach der Mehrheit entschied]. Und es macht keinen Unterschied, ob jemand dies aus eigenem Antrieb preisgibt oder ob sein Freund sich gegen ihn erhebt und ihn wegen dieser Entscheidung, zu der sie in einer bestimmten Angelegenheit gekommen sind, beleidigt. In jedem Fall ist es verboten, dem Kollegen die Schuld zuzuschieben und sie von sich zu nehmen, selbst wenn das, was er sagt, wahr ist.

Seif 12. Ich habe es auch für angebracht gehalten, über eine andere Sache ausdrücklich zu schreiben, denn ich habe festgestellt, dass viele Menschen daran gewöhnt sind. Das heißt, wenn jemand im Studienhaus einen Vortrag hält, ist es nach dem Din verboten, ihn zu verspotten und zu sagen, dass seine Vorträge nichts taugen und es nichts zu hören gibt. Und in unseren vielen Sünden sehen wir, dass viele Menschen darin nachlässig sind und diese Verspottung überhaupt nicht als Issur betrachten. Aber nach dem Din ist es absolutes Lashon Hara. Denn durch eine solche Rede kommt es oft vor, dass er seinem Freund einen finanziellen Verlust zufügt, und manchmal auch Schmerz und Schande. Denn selbst wenn es wahr wäre, ist Lashon Harra verboten, selbst wenn es wahr ist. Welchen Nutzen erhofft sich dieser Spötter und Narr durch seine Leichtfertigkeit? Wenn er ein aufrichtiger Mensch ist, sollte er ihn [den Vortragenden] nachher unter vier Augen beraten und ihm andere Möglichkeiten vorschlagen, seinen Vortrag zu halten. Denn in seinem jetzigen Vorgehen [Spott] werden seine Worte nicht beachtet; und durch diesen [obigen] Ratschlag [an den Vortragenden] würde er auch [Vayikra 19:18] erfüllen: "Und du sollst deinen Nächsten lieben wie dich selbst." Auf jeden

Fall sollte er ihn im Munde der Menschen nicht zum Gespött machen. Und das Heter von apei telata ist hier nicht von Nutzen, wie ich im Be'er Mayim Chayim deutlich erklärt habe.

Seif 13. Wenn jemand seinem Freund in Anwesenheit von drei Personen Einzelheiten seines Berufes oder Gewerbes oder dergleichen offenbart hat, Dinge, von denen es sonst im Allgemeinen verboten ist, sie einem anderen nachzuerzählen, damit er dadurch nicht verletzt wird oder Schmerzen erleidet - nun, da er sie selbst in Anwesenheit von drei Personen offenbart hat, ist es offensichtlich, dass ihn das nichts angeht, selbst wenn es am Ende bekannt wird. Daher ist es demjenigen, der es von ihm hört, von vornherein erlaubt, es anderen zu offenbaren, solange er [der Erzähler] nicht deutlich macht, dass er dagegen ist, dass er es tut. [Aber keine der oben in der Diskussion von apei telata angeführten Qualifikationen sollte fehlen. Siehe Be'er Mayim Chayim].

Grundsatz 3

Einleitende Bemerkung

Hier wird erklärt, dass es beim Issur von Lashon Hara keinen Unterschied zwischen "in seiner Gegenwart" und "nicht in seiner Gegenwart" gibt, und dass das Issur von Lashon Hara auch dann gilt, wenn der Sprecher den Mann, auf den er sich bezieht, nicht identifiziert, während er spricht, sowie weitere Einzelheiten. Er enthält acht Abschnitte.

Seif 1. Wie groß ist das Issur von Lashon Hara, das die Tora verboten hat, auch wenn es wahr ist und in allen Formen. Denn nicht nur, wenn er darauf achtet, dass er es nur unter vier Augen sagt und darauf besteht, dass es demjenigen, über den er spricht, nicht offenbart wird, ist es verboten, [denn damit bringt er auch einen Fluch über sich, nämlich [Devarim 27:24]: "Verflucht sei, wer seinen Nächsten heimlich schlägt"], aber selbst wenn er weiß, dass er es ihm sogar ins Gesicht sagen würde, oder ihm tatsächlich Lashon Hara ins Gesicht sagt, so ist es doch verboten und wird "Lashon Hara" genannt. Und in einer Hinsicht ist die issur "zu seinem Gesicht" größer als "nicht zu seinem Gesicht". Denn in seiner Gegenwart kleidet er [der Redner] sich, abgesehen vom issur der Lashon Hara, mit dem Charakterzug der Unverfrorenheit und Dreistigkeit und erregt dadurch mehr Streit. Und sehr oft führt dies auch zur " Bleichung des Gesichts [des anderen] [in Scham]", wie wir in der Einleitung über das negative Gebot von [Vayikra 19:17] ausgeführt haben: "Du sollst nicht seinetwegen Sünde tragen."

Seif 2. Was die Tatsache betrifft, dass wir manchmal in den Worten von Chazal einen "Heter" finden [dass er so spricht, wie er es tut], wenn er sich selbst nicht daran hindern würde, so vor ihm zu sprechen, so gilt dies nur, wenn es sich um den "Staub" von Lashon Hara handelt, und wenn er etwas sagt, das auf zwei Arten verstanden werden kann, so dass, wenn wir seine Worte auf eine Art und Weise erklären würden, nichts Erniedrigendes an ihnen zu finden wäre. Und das hängt bekanntlich von der Absicht des Sprechers ab und von dem, was er zu dem Zeitpunkt sagt. Denn wenn er es wünscht, kann er sich mit seiner Stimme und seinen Bewegungen auf eine sehr leise Art und Weise ausdrücken, so dass in seinen Worten nichts Herabsetzendes gegenüber seinem Freund zu erkennen ist. Und wenn er will, kann er sich so ausdrücken, dass der Zuhörer seine Absicht in einem anderen Sinne als herabsetzend versteht. Und es ist sehr schwierig, [die Trennungslinie] genau zu bestimmen. Deshalb haben die Chazal gesagt, dass, wenn die Art der Bewegung, mit der er diese Worte ausspricht, niemanden beschämen würde, so vor seinem Freund zu sprechen, es klar ist, dass seine Absicht nicht darin besteht, ihn zu erniedrigen, und es ist erlaubt. Wenn aber aus seinen Bewegungen ersichtlich ist, dass es seine Absicht ist, ihn zu erniedrigen [und wenn dem so ist, würde sich ein Mann im Allgemeinen schämen, so vor seinem Freund zu sprechen], obwohl die ganze Angelegenheit an sich, selbst wenn sie als erniedrigend empfunden wird, nur der "Staub" von Lashon Hara ist, und wahr, und er weiß, dass er selbst auch vor ihm so sprechen würde, ist es dennoch verboten.

Seif 3. Und seht weiter, wie groß die issur von

Lashon Hara ist. Denn selbst wenn er nicht aus Hass spricht und mit dem, was er sagt, nicht beabsichtigt, ihn zu erniedrigen, sondern nur im Scherz und aus Leichtsinn spricht, so ist es doch, da es in Wahrheit erniedrigende Worte sind, und diese sind von der Tora verboten.

Seif 4. Die issur des Sprechens von Lashon Hara besteht auch dann, wenn er beim Sprechen den Mann, über den er spricht, nicht identifiziert, sondern nur in allgemeinen Begriffen spricht, und aus dem, was er sagt, kann der Zuhörer verstehen, auf welchen Mann er sich bezieht, dies fällt in die Kategorie von Lashon Hara. Mehr als das - selbst wenn in seinen Worten selbst nichts Erniedrigendes enthalten wäre, aber seine Worte könnten seinem Freund Schaden zufügen oder ihn verunreinigen, was der Erzähler mit seiner Täuschung beabsichtigte, fällt auch dies in die Kategorie von Lashon Hara und wird von Chazal "Lashon Hara im Privaten" genannt.

Seif 5. Und es gibt viele andere Arten von "Männern mit Lashon Hara", die durch Täuschung sprechen, z.B. indem sie "unschuldig" von ihren Freunden sprechen, als ob sie nicht wüssten, dass das, was sie sagen, Lashon Hara ist, oder dass dies die Taten von Ploni [seinem Freund] sind, usw. All das und Ähnliches fällt in die Kategorie von Lashon Hara.

Seif 6. Und wisst, dass selbst wenn diesem Mann durch seine böse Zunge kein Schaden entstanden ist, z.B. weil die Zuhörer seine

Worte nicht akzeptiert haben, sie dennoch nicht aus der Kategorie der Laschon Hara herausfallen und er Buße tun muss. Mehr als das: Selbst wenn er von vornherein davon ausgeht, dass ihm durch seine Worte kein Schaden entstehen wird, ist es dennoch verboten, herabsetzend über ihn zu sprechen.

Seif 7. Und wisse ferner ein großes Prinzip und Fundament in diesen Dingen: Wenn er einen Menschen sieht, der etwas getan oder gesagt hat - sowohl im Bereich dessen, was zwischen dem Menschen und seinem Schöpfer ist, als auch im Bereich dessen, was zwischen dem Menschen und seinem Nächsten ist - und seine Worte oder seine Taten können in der Waagschale des Guten und des Verdienstes beurteilt werden - wenn dieser Mensch [der Sager oder der Handelnde] G-tt-fürchtig ist, muss er in der Waagschale des Verdienstes beurteilt werden, auch wenn das, was er getan hat, mehr zur Waagschale der Schuld geneigt scheint. Und wenn er zu den einfachen Menschen gehört, die sich vor der Sünde hüten, aber gelegentlich in sie stolpern - wenn der Zweifel ausgeglichen ist, muss er ihn neigen und ihn nach der Waage des Verdienstes beurteilen, wie Chazal gesagt haben: "Wenn man seinen Freund nach der Waage des Verdienstes beurteilt, wird G-tt ihn nach der Waage des Verdienstes beurteilen." Und dies ist in der Aufforderung des Gesegneten enthalten [Vayikra 19:15]: "Nach den Maßstäben der Gerechtigkeit sollst du deinen

Nächsten beurteilen." Und selbst wenn die Sache mehr zu den Maßstäben der Schuld geneigt zu sein scheint, ist es sehr angemessen, dass er sie als einen Zweifel betrachtet und sie nicht nach den Maßstäben der Schuld beurteilt. Und wenn die Sache zu den Maßstäben des Verdienstes geneigt ist, wo es nach dem Din sicherlich verboten ist, sie nach den Maßstäben der Schuld zu beurteilen, und er sie nach den Maßstäben der Schuld beurteilt, wodurch er hingeht und ihn erniedrigt - abgesehen davon, dass er gegen "In Gerechtigkeit sollst du deinen Nächsten beurteilen" verstößt, verstößt er außerdem gegen das Issur, Lashon Hara zu sprechen.

Seif 8. Und selbst wenn die Waage der Schuld schwerer gewichtet ist [als die des Verdienstes], wo, in Bezug auf den din, der issur, ihn in der Waage der Schuld zu beurteilen, nicht so groß ist - das heißt in der Hinsicht, dass er wahrnimmt, dass er nicht in Übereinstimmung mit dem din gehandelt hat -, sollte er ihn deswegen nicht vor anderen beschämen, ohne sich vergewissert zu haben, dass dies mit allen Qualifikationen übereinstimmt, die oben in den Grundsätzen 4 und 5 und in Grundsatz 10 aufgeführt sind. Denn es gibt viele Dinge, bei denen, auch wenn der din nicht mit ihm übereinstimmt, es dennoch verboten ist, ihn deswegen zu beschämen, wie denjenigen klar sein wird, die diese Grundsätze studieren.

CHOFETZ Erster Teil CHAIM

Grundsatz 4

Einleitende Bemerkung

In diesem Grundsatz wird das issur der Lashon Hara zwischen dem Menschen und seinem Schöpfer und die tikkun [Korrektur] für diese Sünde erklärt. Es enthält zwölf Abschnitte.
Seif 1. Es ist verboten, gegen einen Freund etwas zu sagen, das ihn beschämt, auch wenn es ihm nicht ins Gesicht gesagt wird und auch wenn es wahr ist. Und nicht nur Herabwürdigungen im Allgemeinen, wie z.B. über ihn die [negativen] Taten seiner Väter und seiner Verwandten zu erwähnen, oder seine früheren Taten, sowohl die zwischen ihm und seinem Schöpfer als auch [die zwischen] ihm und seinem Nächsten; denn da er sich jetzt korrekt verhält, ist es verboten, ihn damit zu erniedrigen und es wird Lashon Hara genannt. - Aber auch wenn er ihn in letzter Zeit gesehen hat, wie er etwas getan hat, das nach dem Din, einem der Dinge zwischen dem Menschen und seinem Schöpfer, unpassend ist [denn in den Dingen zwischen dem Menschen und seinem Nächsten gibt es viele Unterscheidungen, die wir, so der HERR will, weiter unten im Grundsatz 10 erklären werden], ist es ebenfalls verboten, ihn damit zu erniedrigen, auch nicht vor seinem Gesicht, wenn es nicht den unten im Abschnitt 7 erklärten Qualifikationen entspricht.

Seif 2. Und es gibt dabei keinen Unterschied zwischen [der Behauptung, er habe] ein absolutes negatives Gebot oder ein absolutes positives Gebot der Tora übertreten, von dem bekannt ist, dass es verboten ist, in welchem Fall er sicherlich vor dem Hörer beschämt sein wird, aber auch wenn es etwas ist, worauf viele Juden nicht achten, in welchem Fall er nicht sehr erniedrigt wird, wie z.B. über jemanden zu sagen, dass er die Tora nicht lernen will oder dass etwas, was er gesagt hat, falsch ist und ähnliches [es sei denn, es liegt ein gewisser Nutzen darin, wie z.B. seinen Freund darauf hinzuweisen, dass etwas falsch ist, in der Absicht, nur seinen Nutzen zu haben, wie unten in Grundsatz 10 erklärt wird] - selbst in solchen Fällen ist es verboten. Denn in jedem Fall ist er nach seinen [des Sprechers] Worten ein Mensch, der die Tora nicht erfüllt. Und es ist sogar verboten, gegen ihn in den Zweigen der Mitzwot zu sprechen, wie zum Beispiel, dass er geizig ist und den Sabbat nicht so ehrt, wie er sollte [dies [die Ehrung des Sabbats] ist im positiven Gebot des "Zachor" enthalten [d.h. "Gedenke [Zachor] des Tages des Sabbats, um ihn zu heiligen" [Schemot 20:8]], wie in Charedim erklärt wird]. Oder auch, wenn er ihn verleumdet, weil er gegen ein allgemeines Edikt der Rabbiner verstößt, wie wenn sie [die Rabbiner] anordnen, dass ab initio dies und jenes nicht getan werden soll. Und [es ist verboten], selbst wenn es ihm nicht ins Gesicht gesagt wird, und selbst wenn es wahr ist, weil er [der Sprecher selbst] ihn diese Sache tun sah.

Seif 3. Aber dieses Din unterliegt verschiedenen Einschränkungen, wie ich erklären werde. Denn wenn er [der Betreffende des Lashon Hara] ein "mittelmäßiger" Mensch wäre, ein einfacher Mann Israels, der sich im Allgemeinen vor der Sünde hütet und nur gelegentlich in diese Sünde "stolpert", und man kann annehmen, dass er diese Sünde unabsichtlich begangen hat, oder dass er nicht wusste, dass diese Sache verboten ist, oder dass er das Urteil für eine strenge [chumra] hielt, oder für eine gute Eigenschaft im Allgemeinen, in der heilige Menschen umsichtig sind - dann sollte man ihm, selbst wenn er ihn mehrmals dagegen verstoßen sah, den Vorteil des Zweifels zugestehen, und es ist verboten, ihn bloßzustellen, damit er nicht ein Objekt der Schande vor seinem Volk ist und damit er nicht einmal in seinen eigenen Augen beschämt wird. Und es ist verboten, ihn dafür zu hassen, denn er muss nach den Maßstäben des Verdienstes beurteilt werden, was nach Meinung vieler Poskim ein positives Gebot der Tora ist, nämlich [Vayikra 19:15]: "Nach den Maßstäben der Gerechtigkeit sollst du deinen Freund beurteilen."

Seif 4. Wenn es sich aber herausstellte [siehe Rabbeinu Jona 215, 218 und 220], dass der Sünder von dem Issur selbst wusste und die Sünde absichtlich beging - wie unerlaubte Beziehungen, das Essen verbotener Speisen oder ähnliches - und sich das Wissen um dieses Issur in Israel verbreitet hatte, muss Folgendes in Betracht gezogen werden: "Wenn er in anderen Dingen "mittelmäßig" ist und sich gewöhnlich vor Sünden hütet und in dieser Sünde nur einmal und heimlich übertreten hat, ist es verboten, seine Sünde anderen zu offenbaren, auch nicht in seiner [des Sünders] Gegenwart, und derjenige, der sie offenbart, ist schuldig, indem er es tut. Denn vielleicht hat der Sünder seinen bösen Weg bereut und sein Geist war in Aufruhr über diese Sünde, und der Herr hat ihm vergeben. Denn die Wurzel der Reue ist die Bitterkeit des Herzens, und wenn er [der Betrachter] diese Sünde öffentlich macht, wird er [der Sünder] in den Augen der Menschen ein Gegenstand des Hohns und des Spottes sein - nachdem er sein Übel bereut hat und ihm seine Sünde vergeben wurde! Deshalb wird der Narr, der seine Sünde erwähnt, selbst sündig und schuldig sein. Und sie darf nicht einmal den Richtern der Stadt offenbart werden, selbst wenn er einen zweiten Zeugen bei sich hat, der seine Behauptung untermauert [denn wenn nicht, dann ist es auch ohne diese [Möglichkeit der Reue] verboten, sie zu offenbaren; denn [da er nur ein einziger Zeuge ist], ist es den Richtern verboten, seinen Worten zu glauben, und sie können ihn nur als "Sprecher von Lashon Hara" bestätigen, wie wir weiter unten erklären werden], und es kann keinen Nutzen geben, wenn er es tut [d.h. die Sünde offenbart]. Aber er muss ihn unter vier

Augen dafür tadeln, dass er sich gegen seinen G-tt aufgelehnt hat, indem er gesündigt hat, und [er muss] ihm sagen, dass er darauf achten soll, sich von den Faktoren, die ihn dazu gebracht haben, "abzugrenzen", damit er nicht wieder sündigen wird. Und sein Tadler muss darauf achten, sanft zu ihm zu sprechen, um ihn nicht zu beschämen, wie es geschrieben steht [Vayikra 19:17]: "Zurechtweisen sollst du deinen Nächsten, aber du sollst nicht wegen ihm Sünde tragen [indem du ihn hart tadelst]." Und all das, was wir geschrieben haben, gilt auch dann, wenn er in anderer Hinsicht nur ein mittelmäßiger Mensch ist; wie viel mehr, wenn er ein Toragelehrter und ein Sünder ist, der plötzlich von seiner bösen Neigung überwältigt wurde, in welchem Fall es eine große Sünde ist, seine Sünde öffentlich zu machen. In diesem Fall ist es eine große Sünde, seine Sünde öffentlich zu machen, und es ist verboten, sich selbst daran zu erinnern, denn es ist anzunehmen, dass er sicherlich bereut hat und dass, obwohl seine böse Neigung ihn einmal überwältigt hat, sein Geist bitter zu ihm ist und sein Herz in ihm wegen seiner Schuld sehr ängstlich ist. Wie Chazal gesagt haben [Berachoth 19a]: "Wenn du einen Toragelehrten gesehen hast, der in der Nacht gesündigt hat, dann denke am Tag nicht schlecht über ihn, denn er hat es sicherlich bereut."

Seif 5. Wenn sie aber sehen, dass der Sünder zu den törichten Spöttern gehört, die ihre

Zurechtweiser hassen, wie es geschrieben steht [Mischlei 9:8]: "Du sollst den Spötter nicht zurechtweisen, damit er dich nicht hasst", und ihre Worte werden sicherlich nicht angenommen werden, und solche Menschen kehren gerne zu ihrer Torheit zurück, so dass er sehr wahrscheinlich wieder sündigen wird - dann ist es besser für sie, wenn sie es den Richtern der Stadt sagen, damit sie ihn für seine Sünde züchtigen und ihn von zukünftigen Übertretungen abhalten. Und es scheint, dass das Gleiche gilt, wenn man es den Verwandten des Sünders sagt, wenn man weiß, dass ihre Worte von ihm angenommen werden [siehe Be'er Mayim Chayim]. Und die ganze Absicht des Erzählers sollte um des Himmels willen und im Eifer für den Herrn sein, und nicht wegen ihres Hasses gegen ihn wegen etwas anderem. Und auch die Richter sollten den Sünder im Verborgenen züchtigen und sein Gesicht nicht in der Öffentlichkeit "weiß machen", wie es geschrieben steht [Vayikra 19:17]: "Zurechtweisen sollst du deinen Nächsten, aber du sollst keine Sünde seinetwegen tragen." Und das alles, wenn sie ihn mit zwei Zeugen gesehen haben; wenn er aber ein einziger Zeuge ist, darf er nicht gegen seinen Freund aussagen, denn sein Zeugnis ist vergeblich, und die Richter können sich nicht darauf verlassen, nämlich [Devarim 19:15]: "Für jede Übertretung und für jede Sünde soll nicht ein einziger Zeuge gegen einen Menschen auftreten." Deshalb wird er [wenn er das tut] als motzi shem ra [Verbreiter eines bösen Berichts] betrachtet, worüber unsere Rabbiner gesagt haben [Sha'arei Teshuvah 22]: "Einer, der allein gegen seinen Freund ausgesagt hat, erhält Striemen der Rebellion." Und unsere Weisen haben gesagt [Pesachim 113b]: "Drei sind dem Heiligen, gesegnet sei Er, verhasst", einer davon ist "derjenige, der eine Sache von ervah [Unmoral] in seinem Freund sieht und allein gegen ihn aussagt." Aber er kann die Sache heimlich seinem [dem Sünder] Rabbi und seinem engen Vertrauten offenbaren, wenn er weiß, dass seine Worte als die von zwei Zeugen akzeptiert werden. Und seinem Rabbi ist es erlaubt, ihn dafür zu hassen und sich von seiner Gesellschaft zu distanzieren, bis ihm bekannt wird, dass er seinen bösen Weg bereut hat. Aber sein Rabbiner darf dies nicht anderen erzählen, denn es ist nicht besser, als es selbst zu sehen, wie wir oben in Abschnitt 4 geschrieben haben. **Seif 6.** Und es scheint mir auch, dass, wenn der Mann gewohnt wäre, seine Torheit zu wiederholen, selbst wenn sein Rabbi nicht sehr diskret wäre, so dass seine Sünde öffentlich bekannt werden könnte, wenn seine Worte der Zurechtweisung von dem Sünder angenommen würden, so dass er sein Vergehen nicht mehr wiederholen würde, ist es möglich, dass es erlaubt ist, es ihm [dem Rabbi] zu offenbaren, da die Absicht des Erzählers ist, dem Sünder zu nützen und ihn nicht zu erniedrigen. Und nun kehren wir zu unserem vorherigen Punkt zurück: Selbst wenn zwei ihn zur Zeit der Sünde sahen und er ein Mann war, der leicht zu seiner Torheit zurückkehrte, ist es dennoch erlaubt, dies nur den Richtern der Stadt zu offenbaren und nicht den anderen. Denn ist es nicht so, dass wir ihn nur ein einziges Mal gesehen haben, wie er dieses Issur übertreten hat? Vielleicht hat ihn seine böse Neigung überwältigt, und dann hat er es bereut und in Bitterkeit des Herzens darüber gestöhnt - so dass dieser Sünder die Kategorie "dein Nächster" deswegen noch nicht verlassen hat [siehe Vayikra 19,17].

Seif 7. Und alle diese Dinim, die wir niedergeschrieben haben, gelten nur für einen Menschen, der seine Sünden zu bereuen pflegt. Wenn du aber seine Wege erforscht und gesehen hast, dass die Furcht G-ttes nicht vor seinen Augen ist und dass er immer in einer Weise verharrt, die nicht gut ist - wie einer, der sich vom Joch des Himmels loslöst oder eine Übertretung nicht beachtet, von der jeder in seinem Volk weiß, dass sie eine Übertretung ist -, das heißt, ob die Sünde, die du aufdecken willst, von dem Sünder viele Male absichtlich begangen wurde oder ob er oft absichtlich eine andere Sünde begeht, von der alle wissen, dass sie eine Sünde ist - dann ist es offensichtlich, dass es nicht daran liegt, dass seine böse Neigung ihn überwältigt hat, dass er das Wort des Herrn übertreten hat, sondern dass er tut, was sein Herz für richtig hält und die Furcht G-ttes nicht vor seinen Augen ist. Deshalb ist es erlaubt, ihn zu beschämen und herablassend über ihn zu sprechen, sowohl vor ihm als auch in seiner Abwesenheit. Und wenn er etwas tut oder sagt, was entweder nach der Waage des Verdienstes oder nach der Waage der Schuld beurteilt werden kann, muss er nach der Waage der Schuld beurteilt werden, da er sich in seinen anderen Angelegenheiten als absoluter Übeltäter erwiesen hat. Und so haben unsere Rabbiner gesagt [Bava Metzia 59a]: "'Und du sollst einem Menschen nicht Unrecht tun, seinem Mitmenschen [amito]' [Vayikra 25:17] - 'einem Menschen, der mit dir ist' [am ito] in Tora und Mitzvoth - tue ihm nicht mit Worten Unrecht!" Und wenn jemand sein Herz nicht auf das Wort des Herrn richtet, ist es erlaubt, ihn für seine Taten zu beschämen, seine Abscheulichkeiten bekannt zu machen und ihn mit Spott zu überschütten. Und sie sagten weiter [Yoma 86b]: "Schmeichler werden entlarvt wegen der Entweihung des Namens, die sie hervorrufen." Und noch viel mehr, wenn man ihn für [seine Sünde] tadelt und er nicht davon ablässt, ist es erlaubt, ihn bloßzustellen und seine Sünde im "öffentlichen Tor" zu enthüllen und ihn mit Spott zu überhäufen, bis er zum Guten zurückkehrt, wie der Rambam am Ende der Hilchoth Deoth 5 geschrieben hat. Aber es ist wichtig, bestimmte Überlegungen nicht zu vergessen, die dies mit sich bringt, worüber ich in Be'er Mayim Chayim geschrieben habe.

Seif 8. Wenn beth-din einem Mann ein

bestimmtes din sagt, das ein positives Gebot beinhaltet, sei es im Bereich "zwischen dem Menschen und seinem Schöpfer" oder im Bereich "zwischen dem Menschen und seinem Nächsten", und er sich absolut weigert, es zu erfüllen, und keine Begründung für seine Weigerung hat, ist es erlaubt, herabsetzend über ihn zu sprechen und sogar seine Widerspenstigkeit in das Register einzutragen, damit es alle Generationen [sehen]. Und wenn er versucht, sein Verhalten zu entschuldigen, ist sein Din wie folgt: Wenn wir verstehen, dass das, was er sagt, nicht wahr ist, sondern nur ein Versuch, uns wegzustoßen, brauchen wir ihm nicht zu glauben, und wir können ihn erniedrigen und sogar seinen Makel aufzeichnen, wie oben erwähnt. Aber wenn ein gewisser Zweifel besteht, ist es verboten, herabsetzend über ihn zu sprechen.

Seif 9. Und nun kehren wir zu dem zurück, womit wir begonnen haben. Denn aus dem, was wir am Anfang [in den Abschnitten 3 und 4] geschrieben haben, lernen wir, dass es verboten ist, seinen Freund zu erniedrigen und von seinen negativen Eigenschaften zu erzählen, wie wenn wir sehen, dass er hochmütig ist oder übermäßig zornig wird oder andere unschöne Eigenschaften zeigt, was [d.h. der Besitz dieser Eigenschaften] absolut entwürdigend ist. Und wenn es wahr ist [dass er so gehandelt hat, wie es von ihm berichtet wird], wer weiß, ob er nicht in Bitterkeit des Herzens über diese schlechten Eigenschaften bereut hat? Und selbst wenn man sieht, dass er an diese schlechten Eigenschaften gewöhnt war und dass er überhaupt nicht verbittert darüber war - trotzdem ist es verboten, ihn zu beschimpfen. Denn vielleicht ist er sich der Schwere des issur nicht bewusst. Denn in Wahrheit sehen wir es bei vielen Menschen, sogar [manchmal] bei Toragelehrten, dass sie diese schlechten Eigenschaften nicht als einen so schwerwiegenden issur betrachten - wie sie es in der Tat für diejenigen sind, die sie in der Schrift und in den Worten der Chazal betrachten - sondern nur als etwas, das nicht ganz angemessen ist. Und vielleicht ist auch dieser Sünder in diesem Sinne. Und wenn er die wahre Schwere des issur kennen würde, ist es möglich, dass er alle seine Kräfte aufwenden würde, um sie nicht zu übertreten [vgl. Schabbat 69a]: "Wenn er [der Sünder] "unwissend" [shogeg] in Bezug auf kareth ["Abschneiden"] wäre, [d.h. wenn er nicht wüsste, dass die Sünde mit der schweren Strafe von kareth bestraft würde, und er "wissend" in Bezug auf ein negatives Gebot wäre, wird seine Tat "unwissend" genannt [weil er sich ihrer vollen Schwere nicht bewusst ist]]. Im Gegenteil, wenn man sieht, dass er [der Sünder] an einen dieser schlechten Charakterzüge gewöhnt ist, sollte man ihn zurechtweisen und ihm die Schwere des Issur vor Augen führen. Und damit würde er das positive Gebot erfüllen: "Du sollst deinen Nächsten zurechtweisen". Und es ist möglich, dass er zugeben würde, dass er falsch gehandelt hat, aber dass sein Verhalten zu diesem Zeitpunkt in seinen Augen gerecht war, nämlich [Mischlei 21:2]: "Jeder Weg eines Menschen ist gerecht in seinen Augen." Deshalb ist es verboten, ihn als "böse" zu betrachten und zu gehen und [abwertend] über ihn zu sprechen.

Seif 10. Und selbst wenn man einen entwürdigenden Charakterzug in einer Person sieht, wie Hochmut oder Zorn oder andere schlechte Eigenschaften, oder dass er das Torastudium vernachlässigt und ähnliches, ist es angemessen, dass er dies seinem Sohn oder seinen Schülern sagt und sie ermahnt, nicht mit ihm zusammen zu sein, um nicht von seinen Taten zu lernen. Denn die Wurzel der Ermahnung der Tora gegen Lashon Hara, selbst wenn [das Gesagte] wahr ist, gilt, wenn jemand die Absicht hat, seinen Freund zu beschämen und sich an seiner Schande zu erfreuen. Aber wenn seine Absicht darin besteht, seinen Freund davor zu bewahren, von seinen [des Sünders] Wegen zu lernen, ist es offensichtlich erlaubt und wird auch als eine Mitzwa betrachtet. Doch in diesem und ähnlichen Fällen scheint es eine Mitzwa zu sein, dass der Erzähler den Grund dafür erklärt, dass er herabsetzend über seinen Freund spricht, damit der Zuhörer nicht den Fehler begeht, durch ihn [den Sprecher] noch mehr [Nachsicht] als dies zuzulassen, und auch damit er [der Zuhörer] nicht dazu kommt, sich zu wundern, wie er [der Sprecher] sich so selbst widersprechen kann. Denn einmal sagt er ihm, dass es verboten ist, [Lashon Hara] zu sprechen, selbst wenn es wahr ist [wie in Prinzip 9 erklärt wird, dass es eine große Mitzwa ist, seine kleinen Kinder von dieser Sünde zu trennen], und jetzt spricht er es selbst! [Eine Parallele findet sich im Shulchan Aruch, Yoreh Deah 242, wo es darum geht, ob am Schabbatabend bestimmte Dinge erlaubt sind, die andere Poskim verbieten, und ähnliches].

Seif 11. Und beachten Sie auch einen großen Grundsatz in diesen Dingen: Wenn jemand seinen Freund in seine Angelegenheiten einbeziehen will, z.B. um ihn für seine Arbeit einzustellen oder eine Partnerschaft mit ihm einzugehen oder eine Verbindung mit ihm einzugehen und ähnliches, selbst wenn er bis jetzt nichts Negatives über ihn gehört hat, ist es dennoch erlaubt, sich bei den Leuten über seinen Charakter und seine Geschäfte zu erkundigen. Auch wenn sie ihm etwas Negatives über ihn sagen, ist es dennoch erlaubt, da er nur sein eigenes Wohl im Sinn hat, damit er hinterher nicht zu Schaden kommt oder zu Streit oder zu Zank und Entweihung des Namens, G-tt bewahre. Aber es scheint mir, dass er denjenigen, über den er sich erkundigt, darüber informieren muss, dass er mit ihm [demjenigen, über den er sich erkundigt] eine Verbindung eingehen oder eine Art von Partnerschaft eingehen möchte, wie oben erwähnt. Wenn er dies tut, wird er keine

Angst vor einem issur haben - weder wegen seiner Fragen [weil er nicht den Wunsch hat, ihn zu erniedrigen, sondern nur seinen eigenen Vorteil sucht, wie wir erklärt haben] - obwohl er sich davor hüten muss, seiner Antwort vollständig zu glauben [wenn sie negativ ist], aufgrund des issur der Annahme von Lashon Hara, sondern [er muss die Antwort] nur auf Verdacht "hören" - um sich selbst zu schützen] - noch gibt es irgendeine issur aufgrund der Antwort seines Nächsten, die uns dazu veranlassen würde zu sagen, dass er [der Fragesteller] gegen "Vor den Blinden sollst du keinen Stolperstein legen" verstößt, "Denn selbst wenn er [der Antwortende] über ihn [den Gefragten] völlig abwertend spricht, macht auch er sich dadurch keines issur schuldig, da auch seine Absicht nicht darin besteht, herabsetzend über seinen Freund zu sprechen, sondern die Wahrheit zu sagen, um diesem Fragesteller zu nützen, der mit ihm in dieser Angelegenheit einen Rat eingeholt hat, wie wir an anderer Stelle erklärt haben, was vom Din erlaubt ist. Aber er [der Antwortende] muss sehr darauf achten, dass er mit seiner Antwort nicht über das hinausgeht, von dem er weiß, dass es die Wahrheit ist, und dass er auch keine anderen Details angibt, die für die Anfrage relevant sind [siehe unten, Grundsatz 9 der Hilchoth Rechiluth in diesem Zusammenhang]. Wenn er aber seinen Freund nicht über den Grund seiner Anfrage informiert, sondern sich "wie ein Fremder" [gegenüber dem Gegenstand seiner Anfrage] verhält, so dass er den Charakter dieses Mannes [nach dem er gefragt hat] besser kennenlernt, scheint es offensichtlich, dass er gegen das Gebot "Vor einem Blinden usw." verstößt; denn durch ihn wird sein Freund [der Antwortende] einen Issur begehen, wenn er abfällige Dinge über ihn sagt, selbst wenn sie wahr sind, wie wir an anderer Stelle erklärt haben. Denn der issur von Lashon Hara gilt auch für das, was wahr ist, gemäß allen Poskim. Und es darf nicht gesagt werden, es sei denn, er beabsichtigt, dass dadurch, dass er so herabsetzend über ihn spricht, etwas Gutes für einen anderen "aufkeimen" wird. Aber wenn dies nicht der Fall ist, darf er es nicht sagen. Und selbst wenn durch sein Sprechen etwas Gutes für einen anderen entsteht, so war seine Absicht doch, ihn zu erniedrigen. Deshalb muss er [der Fragesteller] tun, was wir geschrieben haben.

Seif 12. Und wenn er eine Übertretung begangen und Lashon Hara über seinen Freund gesprochen hat und dann bereut hat, dann hängt es [seine Reue] davon ab: Wenn seine Freunde seine Worte zurückgewiesen haben und sein Freund dadurch in ihren Augen in keiner Weise erniedrigt wurde, dann haftet ihm nur die Sünde "zwischen dem Menschen und seinem Schöpfer" [und nicht die zwischen "dem Menschen und seinem Nächsten"] an, da er gegen den Willen des Herrn verstoßen hat, der dies befohlen hat [dass Lashon Hara nicht gesprochen werden darf], wie wir oben in der Einleitung geschrieben haben. Seine Wiedergutmachung besteht darin, das Geschehene zu bereuen, [seine Sünde] zu bekennen und es aus vollem Herzen auf sich zu nehmen, diese [Sünde] in Zukunft nicht zu wiederholen, wie bei allen Sünden zwischen dem Menschen und seinem Schöpfer. Wenn aber sein Freund dadurch in den Augen der Zuhörer herabgewürdigt wurde und dadurch körperlichen oder finanziellen Schaden erlitten hat, oder wenn ihm dadurch [seelischer] Schmerz zugefügt wurde, so gehört dies in die Kategorie aller Sünden zwischen dem Menschen und seinem Nächsten, die auch Jom Kippur und der Tag des Todes nicht sühnen, bis er seinen Nächsten versöhnt. Er muss also seinen Freund dafür um Verzeihung bitten, und wenn er sich mit ihm versöhnt und ihm verzeiht, bleibt ihm nur die Sünde zwischen dem Menschen und seinem Schöpfer, und er muss das oben Gesagte tun. Und selbst wenn sein Freund noch nichts davon weiß, muss er ihm offenbaren, was er ihm angetan hat, was nicht mit dem Din übereinstimmt, und ihn dafür um Verzeihung bitten, da er weiß, dass ihm durch ihn dieser Schaden zugefügt wurde. Daraus können wir verstehen, wie sehr man darauf achten muss, sich vor diesem verderblichen Charakterzug [der Lashon Hara] zu hüten, denn wenn man davon durchdrungen ist, ist, G-tt bewahre, die teshuvah [Reue] für ihn fast unmöglich. Denn er wird sich sicherlich nicht an alle Seelen erinnern, die er durch Lashon Hara betrübt hat. Und selbst die Menschen, an die er sich erinnert, weil er sie zum Bösen angestiftet hat, werden davon nichts wissen, weshalb er sich schämen wird, es ihnen zu offenbaren. Und manchmal wird er von einem Familiensündenfall sprechen und damit allen zukünftigen Generationen schaden, so dass er dafür niemals entschuldigt werden kann. Wie Chazal gesagt haben [Yerushalmi Bava Kamma 8:7]: "Jemand, der von einem Familiensündenfall spricht, hat niemals eine Sühne [dafür]." Deshalb muss man sich von diesem äußerst verderblichen Charakterzug distanzieren, damit man danach nicht, G-tt bewahre, in die Kategorie der "Krummen, die man nicht begradigen kann" [Koheleth 1:15] fällt.

Grundsatz 5

Einleitende Bemerkung

In diesem Prinzip wird ein Teil des Issur von Lashon Hara in Angelegenheiten "zwischen dem Menschen und seinem Nächsten" erklärt: die Frage der Verneinung von [guten] Eigenschaften, die Dinim von Lashon Hara, die von dem Menschen abhängen, von dem man spricht, und das Issur von Lashon Hara über das Eigentum des Freundes. Es enthält acht Abschnitte.

Seif 1. So wie es verboten ist, den Freund zu

beschämen, wenn es sich um eine Angelegenheit zwischen dem Menschen und seinem Schöpfer handelt, so ist es auch verboten, ihn zu beschämen, wenn es sich um eine Angelegenheit zwischen dem Menschen und seinem Nächsten handelt, auch wenn das Gesagte keine Beimischung von Falschheit enthält. Und ich will nicht "unter der Zunge verbergen", dass es in diesem Grundsatz viele Wurzeln und Verzweigungen gibt und dass sich dieser Sinn oft ändert. Wir werden darüber, so der Herr will, weiter unten im Grundsatz 10 ausführlich sprechen. Aber jetzt werden wir ein Element besprechen, das ohne Zweifel verboten ist. Das heißt, wenn man einen anderen sieht, der seinen Freund bittet, ihm Geld zu leihen [obwohl dies [d.h. zu leihen] ein positives Gebot der Tora ist, nämlich Schemot 22:24: "Wenn du Geld leihst, usw.,", wie im Buch der Mitzvoth des Rambam, Positive Gebote 197, erklärt wird], oder [ihn] um einen anderen Gefallen zu bitten, den er ihm nicht gewährt; oder [wenn er sieht, dass jemand die negativen Gebote zwischen dem Menschen und seinem Nächsten übertritt, wie z.B. Rache nehmen und Groll hegen, wie es in Yoma [23a] erklärt wird:] "Was ist Rache und was ist Groll, usw.?" - Da er [der Betreffende der Lashon Hara] ihm [dem Sprecher] nichts Böses angetan hat [und es gibt auch keinen Vorteil für die betroffene Partei, wenn er [der Sprecher] dies anderen erzählt], wird es daher, wenn er hingeht und es anderen erzählt, nach dem Din "Lashon Hara" genannt. Und all dies, selbst wenn es [dem Sprecher] selbst passiert ist und es ihm auch klar war, dass er ihm diesen Gefallen hätte tun können, es aber aus der Perversität seiner Natur heraus verweigerte, dies zu tun. Und es gibt hier [auch] alle Elemente der issur, die im vorangegangenen Grundsatz in Abschnitt 3 über "zwischen dem Menschen und seinem Schöpfer" erklärt wurden. Und selbst wenn die Vorenthaltung der Gunst einem anderen galt und die Absicht des Sprechers nur der Eifer für die Wahrheit war [wie viel mehr, wenn die Vorenthaltung der Gunst dem Sprecher selbst galt!], ist es danach sicherlich verboten, hinzugehen und ihn dafür zu erniedrigen. Und wer dagegen verstößt, stolpert nicht nur in die Sünde von Lashon Hara, sondern auch in die Übertretung von [Vayikra 19:18]: "Du sollst nicht nachtragend sein." Und wenn er mit dem, was er sagt, beabsichtigt, sich an ihm dafür zu rächen und die Perversität des anderen bekannt zu machen, verstößt er zusätzlich [Ibid] gegen "Du sollst dich nicht rächen", abgesehen von dem Issur von Lashon Hara.

Seif 2. Nun haben wir bis zu diesem Punkt viele Bereiche der verbotenen Rede besprochen, die je nach den Umständen manchmal ihr Din [d.h. verboten oder erlaubt] ändern. Und nun werden wir in diesen Abschnitten über den größten Teil ihrer Bestandteile sprechen, wo es nichts im Namen des Sprechers zu sagen gibt, wenn er keinen

Nutzen beabsichtigt, sondern nur herabsetzend über seinen Freund sprechen will. Der Stolperstein ist hier am weitesten verbreitet, fast jeder stolpert hinein - und das nur wegen unzureichender Kenntnisse. Ich bitte daher, dass es den Leser nicht verwundern möge, dass ich es ausführe und jede Einzelheit ausdrücklich erwähne. Denn ich glaube, dass der Herr vielleicht zulassen wird, dass dadurch ein Teil dieses großen Stolpersteins beseitigt wird.

Und ich beginne damit, dass es verboten ist, einen Freund wegen eines Mangels an dem, was er besitzt, zu beschämen - sei es an Weisheit, Kraft, Reichtum oder ähnlichem. Ich werde meine Bedeutung in all ihren Einzelheiten erklären: "Weisheit" - den Leuten sagen, dass Ploni nicht weise ist. Und es macht hier keinen Unterschied, ob es falsch oder teilweise wahr ist und er die Tatsachen übertreibt. - Das ist sicherlich eine große Sünde, in der Größenordnung von "einen bösen Bericht verbreiten". Denn er erniedrigt seinen Freund durch seine Unwahrheiten. - Aber selbst wenn es die absolute Wahrheit ist, haben nicht alle Rishonim "es in uns verwurzelt", dass Lashon Hara [verboten ist], selbst wenn es wahr ist! [Siehe Grundsatz I.] Und diese Sache, die Verneinung des Besitzes einer bestimmten Eminenz, fällt sicherlich auch in die Kategorie von Lashon Hara. Denn hat der Rambam nicht geschrieben [Avoth 1:17]: "Lashon Hara ist es, von seinen Übeln und Makeln zu erzählen und einen Juden in irgendeiner Weise zu erniedrigen, selbst wenn der Erniedrigte [tatsächlich] mangelhaft wäre, usw." [Siehe auch, was der Rambam in Hilchoth Deoth 7:5 geschrieben hat, dass Lashon Hara etwas ist, das, wenn es den Menschen bekannt wird, dazu führt, dass jemandem an seinem Körper oder an seinem Geld Schaden zugefügt wird oder dass er sich ärgert oder erschrickt]. Es scheint also klar zu sein, dass die Verneinung des Besitzes einer bestimmten Eminenz nach der Tora absolutes Lashon Hara ist. Denn wenn wir darüber nachdenken, stellen wir fest, dass dies zu finanziellem Verlust oder Kummer usw. führen kann.

Zunächst werden wir erklären, womit wir es hier zu tun haben, nämlich dass jemand über einen anderen sagt, er sei nicht weise. Denn in Wahrheit gibt es keine größere [Zuschreibung von] Unzulänglichkeit als diese. Denn wenn er noch nicht verheiratet wäre, wenn diese [Lashon Hara] den Leuten bekannt wäre, würde sich niemand finden, der mit ihm eine Verbindung eingehen wollte. Und wenn er einen Beruf hätte, egal welchen Beruf er hätte, ob er Handwerker oder Lehrer wäre, wer würde sich mit ihm zusammentun wollen? Und vor allem, wenn er ein Lehrer des Gesetzes in Israel wäre [d.h. ein Posek] und man würde über ihn zu den Leuten sagen, dass er nicht weise sei, dann würde er, abgesehen davon, dass dies ein Issur von Lashon Hara gemäß der Tora ist [denn sicherlich, wenn dies von den Zuhörern akzeptiert und in der Stadt bekannt gemacht würde, würde er einen finanziellen Verlust erleiden, denn niemand würde zu ihm für Din oder Pesharah [Kompromiss] gehen wollen, [abgesehen davon],

könnte sogar etwas Schlimmeres passieren - dass er, indem er vor den Männern der Stadt erniedrigt wird, am Ende von seinem Platz entfernt wird und sein Blut und das Blut seiner Kinder auf dem Kopf des Sprechers lastet; denn durch seine Lashon Hara wäre er bis zum [Entzug] seiner Lebensgrundlage herabgestiegen. Darüber hinaus erniedrigt er dadurch die Ehre der Tora und ihrer Gelehrten und wird "der Schandfleck eines Toragelehrten" genannt, über den Chazal gesagt hat, dass "es keine Heilung für seine Wunde gibt." Und durch diese [Lashon Hara] wird die Erfüllung der Tora stark zurückgehen; denn wenn der Rabbi sie danach zu einer bestimmten Mitzwa in der Tora ermahnt, werden sie seinen Worten keine Beachtung schenken, da er in ihren Augen bereits von den Männern der Lashon Hara als ein Mann bekannt gemacht wurde, der nicht weise ist.

Seif 3. Und ich frage dich, mein Bruder, nach der List der bösen Neigung [denn [meine Frage an dich] fällt nicht in die Kategorie von Lashon Hara]. Schau in dich hinein: Wenn du mit Sicherheit wüsstest, dass jemand über dich veröffentlicht, dass du nicht weise bist [und ähnliches im Bereich der Verneinung der Eminenz], wie sehr würdest du ihm das übel nehmen! Du würdest denken: "Welche Anzeichen von Torheit hat er in mir gesehen? Er ist nichts anderes als ein böswilliger Mensch und ein Sprecher von Lashon Hara, dessen einziger Wunsch es ist, seinen Freund zu erniedrigen und zu entwürdigen!" Und doch, wenn du selbst das deinem Freund antust, der in vielen Dingen dem Herrn und den Menschen gegenüber viel besser ist als du, siehst du das überhaupt nicht als Sünde an! Seht die große Blindheit, die darin liegt! Und in Wahrheit, wenn du darüber nachdenkst, wirst du in diesem Fall der verschiedenen Arten des Issur von Lashon Hara viel mehr [Elemente] finden als in den anderen. Das ist so, weil in anderen Fällen, in denen er über seinen Freund sagt, dass er ein issur sowohl im Bereich "zwischen dem Menschen und seinem Schöpfer" als auch im Bereich "zwischen dem Menschen und seinem Nächsten" übertreten hat, es sehr oft vorkommt, dass seine einzige Absicht der Eifer für den HERRN ist. Und obwohl dies dem Din nichts nützt [es wird immer noch als Lashon Hara betrachtet [vgl. Prinzip IV, Abschnitt 2, und auch Abschnitt 1], so war seine Absicht doch nicht böse; im Gegensatz zu diesem Fall, wo seine einzige Absicht darin bestand, seinen Freund zu erniedrigen und ihn zu entwürdigen, ein ungeheuer schlechter Charakterzug, wie in der Sha'arei Teshuvah von Rabbeinu Yonah erklärt wird. Und auch in Bezug auf den Hörer. Denn in den anderen oben erwähnten Fällen von Lashon Hara werden seine [des Sprechers]

Worte nicht sofort akzeptiert. Und mit Sicherheit werden viele Zuhörer sagen: "Solange wir es nicht mit unseren eigenen Augen sehen, werden wir es nicht glauben. Und sicherlich muss es bei dem, was du gesagt hast, selbst wenn es wahr ist, einige mildernde Umstände gegeben haben, die ihn zu diesem Verhalten veranlasst haben, denn so wie es erzählt wurde, können wir ihm so etwas nicht glauben." Und wenn sich später herausstellt, dass das, was er gesagt hat, falsch ist, wird der Redner von allen verachtet und beschämt werden, weil er einen falschen Bericht über seinen Freund verbreitet hat. Wenn er aber in diesem Fall seinen Freund herabwürdigt und ihn vor allen als Dummkopf und Einfaltspinsel anpreist, was dazu führt, dass alle Bürger ihn zum Gegenstand der Schande und des Spottes machen, kommt es bei unseren vielen Sünden oft vor, dass nicht einer der Zuhörer sagt: "Sprecht weniger und habt Mitleid mit der Ehre Israels. Warum müsst ihr ihn so beschämen!" - als ob der Redner dadurch kein Unrecht getan hätte. Und von einem solchen Redner heißt es [Mischlei 30:20]: "Sie aß und wischte sich den Mund ab und sagte: 'Ich habe kein Unrecht getan.'"

Seif 4. Und alles, was wir geschrieben haben, gilt auch, wenn er über ihn nur sagte, dass er in weltlichen Dingen nicht weise ist. Wie viel mehr, wenn er über jemanden, den die Leute der Stadt für weise in der Tora hielten, sagte, dass er nicht so weise ist und dass er nur wenig in der Tora weiß, und sie dadurch dazu kommen, weniger von ihm zu halten. Sicherlich fällt dies in die Kategorie von Lashon Hara, selbst wenn es wahr ist, denn seine Absicht ist nicht zum Nutzen, sondern nur, um seinen Freund in der Wertschätzung der Zuhörer herabzusetzen. Denn dadurch kann er ihm, egal auf welcher Ebene er steht, Schaden zufügen, auf jeden Fall aber Leid zufügen. Ich möchte zwei Beispiele anführen. Wenn man über den Rabbiner der Stadt vor den Leuten der Stadt sagt, dass er nicht sehr weise in der Tora ist, aber dass er ein wenig von den halachischen Regeln weiß, die in der Praxis benötigt werden - selbst wenn dies wahr ist, ist es nach der Tora absolutes Lashon Hara. Denn damit setzt er seine Ehre völlig herab und untergräbt seinen Lebensunterhalt und vermindert dadurch die Ehre der Tora und die Erfüllung ihrer Mitzvoth [wie in Abschnitt 2 erwähnt]. Dasselbe gilt, wenn er das Gleiche über eine Frau sagt, die kürzlich in der Stadt geheiratet hat. Denn sicherlich wird seine Ehre am Ende in den Augen seiner Schwiegereltern und der Mitglieder seines Haushalts sinken, wenn es ihnen bekannt wird, dass er in der Stadt von geringer Bedeutung ist. Und es gibt kein größeres Unglück und keinen größeren Schmerz als dies und Ähnliches. Es fällt mir schwer, alles zu veranschaulichen, aber: "Gebt dem Weisen, und er wird noch weiser werden" [Mischlei 9,9]. Denn ich bin nur gekommen, um aufzurütteln, und der Kluge wird alles von selbst verstehen. Und wisse auch, dass das Gleiche gilt, wenn er über einen Arbeiter sagt, dass er kein guter Arbeiter ist. Auch das ist absolute Lashon Haras, denn auch hier gelten alle oben genannten Überlegungen. [Und wenn in diesem und all den anderen Fällen, von denen wir gesprochen haben, seine Absicht nicht darin besteht, zu erniedrigen, sondern nur darin, einen Nutzen daraus zu ziehen, wird dies, so der Herr will, im Grundsatz 9 der Gesetze der Rechiluth behandelt].

Seif 5. Und nun werden wir erklären, was wir oben [Abschnitt 2] [über die Herabwürdigung eines Menschen] "in Bezug auf die 'Stärke'" geschrieben haben. Das heißt, über jemanden vor den Männern der Stadt zu sagen, er sei von Natur aus ein schwacher Mensch. Dies [d.h. die Herabsetzung in diesem Fall] hängt [von den Umständen] ab. Wenn er nach den Umständen dadurch geschädigt werden kann, wie wenn er ein Tagelöhner oder ein Lehrer ist [und es gibt viele von dieser Art], dann fällt das, was er sagt, sicherlich in die Kategorie von Lashon Hara. Und: "in Bezug auf den Reichtum". Das heißt, von jemandem vor anderen zu sagen, dass er arm oder nicht wohlhabend ist - "wie man in der Stadt über ihn sagt" - und dass alles, was er hat, auf Kredit bei anderen ist. Auch dies fällt in die Kategorie von Lashon Hara. Denn wenn dies bekannt wird, wird er sicherlich niemanden mehr finden, der ihm einen Kredit gewährt, und das wird ihm Schaden zufügen und ihn in große Bedrängnis bringen, und es wird seine Existenz bedrohen. Und vor allem muss der Herzensmensch sicherlich darauf achten [wenn er keinen [besonderen] Nutzen beabsichtigt], dass demjenigen, über den er spricht, daraus kein Schaden entsteht. Und wenn er in all diesen Fällen das, was er tut, in der Erwartung eines Vorteils sagen muss, so wird dies alles weiter unten behandelt [d.h. unter welchen Umständen und mit welchen Mitteln], so der Herr will. [d.h. Teil II, Grundsatz 9.] Und man muss sehr aufpassen, dass man in dieser Angelegenheit nicht voreilig Nachsicht walten lässt und sagt: "Ich habe nicht die Absicht, diesen Mann zu erniedrigen, sondern diesen und jenen Vorteil zu erlangen." Denn es gibt viele Einzelheiten, die erst geklärt werden müssen. [vgl. Teil II, Grundsatz 9.]

Seif 6. Und kennen Sie auch ein grundlegendes Prinzip in Bezug auf Lashon Hara - dass es von dem Menschen abhängt, von dem gesprochen wird. So ist es durchaus möglich, dass man dasselbe über zwei Menschen sagt und den einen lobt und über den anderen Lashon Hara sagt. Wenn er zum Beispiel von jemandem, der von anderen ernährt wird und keine Probleme hat, seinen Lebensunterhalt zu bestreiten, sagt, dass er drei oder vier Stunden am Tag [Tora] lernt, würde er ihn sehr herabsetzen und sich der Lashon Hara schuldig machen. Aber wenn er das Gleiche über einen sagt, der für seinen Lebensunterhalt schuftet, wäre das ein großes Lob. Und dasselbe gilt für andere Beispiele positiver Gebote, wie das der Sabbat-Ehrung.

Wenn er also von einem der armen Städter sagt, dass er dies und das ausgibt, um den heiligen Sabbat zu ehren, ist das ein großes Lob für ihn. Wenn er aber dasselbe über einen als wohlhabend angesehenen Mann sagen würde, wäre das sehr erniedrigend für ihn, und er würde von den Menschen deswegen verachtet werden; und er [der Redner] würde sich der Lashon Hara schuldig machen.

Dasselbe gilt für [das Geben von] Almosen. Es [d.h., ob es Lashon Hara ist oder nicht] hängt von seinem [des Betreffenden] finanziellen Status ab. Was für den einen ein Lob ist, ist für den anderen eine Beleidigung. Und so ist es auch mit [Mitzvoth] zwischen dem Menschen und seinem Nächsten. Wenn man über einen mittelmäßigen Menschen sagt, dass er sich so und so gegenüber seinen Angestellten verhält, so ist das keine Herabsetzung für ihn. Aber wenn dasselbe über einen angesehenen Mann in Israel gesagt wird, wäre es für ihn erniedrigend [und so in allen ähnlichen Fällen]. Daher ist es sehr schwierig, in einem Buch alle Fälle aufzuführen, in denen man der Lashon Hara zum Opfer fallen kann. Aber mach dir die Worte des Rambam [Hilchot Deoth 7] "zur Krone deines Hauptes" und erinnere dich immer daran: dass alles, was, wenn es veröffentlicht wird, seinem Freund körperlichen Schaden, finanziellen Verlust, Schmerz oder Angst zufügen kann, Lashon Hara ist.

Und pass auf, mein Bruder, dass die böse

Neigung dich nicht dazu verleitet zu sagen: "Aber haben Chazal nicht gesagt [Schabbat 31b]: 'Was dir verhasst ist, sollst du deinem Freund nicht antun?' Was habe ich über ihn gesagt?" Dass er nur drei oder vier Stunden am Tag Tora lernt? Bin ich verpflichtet, ihn mehr zu lieben als ich mich selbst liebe? Wenn man doch von mir sagen würde, dass ich drei oder vier Stunden am Tag Tora lerne!" Und dasselbe gilt für Wohltätigkeit, Schabbatausgaben und dergleichen. In Wahrheit ist das ein Fehler, denn die Absicht der Gemara bei "Alles, was dir verhasst ist" ist "Alles, was dir verhasst wäre, wenn du auf seiner Stufe wärst." Und in Wahrheit ist dies abhängig von der Person, von der gesprochen wird, und von Ort und Zeit. Wenn dies [d.h. das, was Sie über ihn sagen] unter den gegebenen Umständen für ihn erniedrigend wäre, dann ist das nach dem Din sicherlich Lashon Hara.

Seif 7. Und wisst, dass es ebenso verboten ist, einen Freund zu verleumden, wie es verboten ist, seinen Besitz zu "verleumden" [siehe Rabbeinu Eliezer Mimitz im Sefer Yere'im]. Und es kommt bei unseren vielen Sünden sehr häufig vor, dass ein Ladenbesitzer die Waren eines anderen verleumdet [und so auch in anderen Fällen der gleichen Art], aus Neid. Und das ist nach der Tora absolutes Lashon Hara.

Seif 8. Das Issur, Lashon Hara zu sprechen, das die Tora verbietet, wenn man über einen Freund herabsetzend spricht, gilt auch dann, wenn es wahr ist, und sogar unter vier Augen; wie viel mehr ist es verboten, vor zwei Personen herabsetzend über einen Freund zu sprechen. Die Sünde ist größer, als wenn man es vor einem tut, denn die Leute werden es eher glauben, und er wird in ihren Augen noch mehr verachtet, wenn sie es von zwei hören. Und wann immer das Issur von Lashon Hara im Allgemeinen erwähnt wird, gilt die Absicht für alle [acht] Arten, es sei denn, wir geben etwas anderes an.

Grundsatz 6

Einleitende Bemerkung

In diesem Grundsatz wird das Issur des Annehmens von Lashon Hara und des Hörens von Lashon Hara erklärt, und wie man sich in diesen Angelegenheiten von vornherein verhalten sollte; und auch, wie man sich in Übereinstimmung mit der Tora verhalten sollte, wenn man in einer schlechten Gesellschaft von "Männern der Zunge" "gefangen" ist, und viele andere Details. Das Buch enthält zwölf Abschnitte.

Seif 1. Nach der Tora ist es verboten, Lashon Hara zu akzeptieren, sowohl in Dingen "zwischen dem Menschen und seinem Schöpfer" als auch in Dingen "zwischen dem Menschen und seinem Nächsten". Das heißt, wir dürfen nicht in unserem Herzen glauben, dass das, was gesagt wird, wahr ist. Denn wenn wir das tun, werden wir auf denjenigen herabschauen, von dem gesprochen wird. Und [das gilt] auch dann, wenn er [der Hörer] mit dem Gesagten ausdrücklich nicht einverstanden ist. Denn wenn er es nicht tut, verdoppelt er die Sünde - das Sprechen [indem er dem Sprecher zustimmt] und das Akzeptieren. Und der Annehmende begeht eine Übertretung [Schemot 23:1]: "Du sollst nicht falsches Zeugnis ablegen", worüber Chazal in der Mechilta gesagt hat, dass dies eine Ermahnung gegen die Annahme von Lashon Hara ist, abgesehen von den anderen negativen Geboten und positiven Geboten, die damit verbunden sind, wie wir in der Einleitung geschrieben haben. Und Chazal haben gesagt [Pesachim 118a], dass alle, die Lashon Hara akzeptieren, es verdienen, den Hunden vorgeworfen zu werden, denn es steht geschrieben: "Du sollst kein falsches Zeugnis ablegen", und davor steht [Ibid 22:30]: "Dem Hund sollst du es vorwerfen." Und sie haben auch gesagt [Rambam, Hilchoth Deoth 7:13]: "Die Strafe für den, der es annimmt, ist größer als die für den, der es sagt."

Seif 2. Sogar das Hören von Lashon Hara allein ist nach der Tora ein Issur [selbst wenn er zum Zeitpunkt des Hörens nicht die Absicht hat, das Gesagte zu akzeptieren], da er sein Ohr zum Hören neigt. Aber es gibt einen Unterschied zwischen Hören und Annehmen in mehrfacher Hinsicht. Denn beim Hören [allein, ohne zu akzeptieren] gibt es nur dann keinen issur, wenn das, was gesagt wird, ihn in der Zukunft nicht betrifft. Wenn es aber wahr ist, wie wenn er von Anfang an versteht, dass er zeigen will, dass derjenige, über den er spricht, nicht vertrauenswürdig ist, und dergleichen - wenn er [der Hörer] ursprünglich die Absicht hatte, ihn in sein Geschäft aufzunehmen oder mit ihm eine Partnerschaft einzugehen oder mit ihm ein Spiel zu machen und dergleichen, ist es ihm von vornherein erlaubt, zuzuhören und zu vermuten [dass es wahr sein könnte], damit er sich vor ihm schützen kann. [Dies ist erlaubt], da seine Absicht nicht darin besteht, sich die Herabsetzung seines Freundes anzuhören, sondern sich vor zukünftiger Verletzung oder Streit und Zank und dergleichen zu schützen. Dasselbe gilt, wenn er keinen persönlichen Nutzen aus dem Gesagten zieht; wenn aber durch sein Zuhören ein Nutzen für andere entstehen kann, ist es auch erlaubt. Wie wenn er diese Sache hören will, um danach herauszufinden, ob sie wahr ist, und um denjenigen, über den gesprochen wird, dafür zu tadeln. Vielleicht wird dies dazu führen, dass der Sünder bereut, oder dass er den Diebstahl an seine Besitzer zurückgibt, oder dass er denjenigen besänftigt, den er "beleidigt und gelästert" hat, und dergleichen; in diesem Fall ist es erlaubt. Aber es anzunehmen - das heißt, in seinem Herzen zu glauben, dass es wahr ist - ist in allen Fällen verboten.

Seif 3. Und der Leser soll sich nicht wundern: "Wenn das so ist, wie sollen wir dann den

Forderungen des Himmels [d.h. "zwischen dem Menschen und seinem Schöpfer"] genügen, wenn du uns den Weg versperrt hast, dass schon allein das Hören, dass der Freund erniedrigt wird, verboten ist? Vielleicht könnte es mich in meinem Geschäft oder ähnlichem beeinträchtigen"? Die Antwort: Wenn jemand den Forderungen des Himmels in Bezug auf das Hören genügen will, soll er sich so verhalten: Wenn jemand zu ihm kommt und ihm etwas über seinen Freund erzählen will, und er versteht, dass er etwas Herabsetzendes über ihn sagen will, soll er gleich zu Beginn fragen: "Was du mir sagen willst, könnte es mich in Zukunft beeinflussen, oder könnte ich [durch das Hören] die Dinge durch Tadel oder Ähnliches korrigieren?" Wenn er dies bejaht, darf er es hören. Und er darf es noch nicht glauben, sondern nur vermuten, bis die Sache erforscht ist. Wenn er aber aus seiner Antwort erkennt, dass das Hören keinen Nutzen bringt oder dass der Redner nur seinen Zorn gegen den Angesprochenen abreagieren will, indem er ihm in der Größe seines Hasses gegen ihn Böses unterstellt, ist es verboten, es überhaupt zu hören.

Seif 4. Und manchmal ist es eine Mitzwa, zu hören, wie jemand herabsetzend über seinen Freund spricht, wenn er das Gefühl hat, dass er, wenn er die Geschichte vollständig hört, danach in der Lage sein könnte, dem Sprecher oder den anderen Zuhörern zu zeigen, dass das, was über ihn gesagt wurde, nicht wahr war, oder andere Dinge zu seinen Gunsten. Und es gibt noch andere Umstände, unter denen es eine Mitzwa ist, zu hören. Zum Beispiel, wenn jemand zu ihm kommt, um sich über seinen Freund zu beschweren, weil er ihm etwas angetan hat, und er weiß, dass er seinen Zorn dadurch besänftigen kann, dass er ihm zuhört, so dass er die Geschichte nicht anderen erzählt [denn vielleicht würden die anderen ihm glauben und dadurch "Akzeptanten von Lashon Hara" sein], und dadurch würde er "den Frieden in Israel vergrößern." Aber bei allen Heterim, die wir in Bezug auf das Hören erwähnt haben, muss er sehr darauf achten, dass er nicht kategorisch glaubt, was er hört, sondern nur "vermutet", damit er nicht auch in das Netz der Akzeptanz von Lashon Hara verstrickt wird.

Seif 5. Und nun wollen wir zu unserem Thema zurückkehren. Wir haben [in Abschnitt 2] geschrieben, dass sogar das Hören von Lashon Hara ein issur der Tora ist - das heißt, zu gehen und zu hören. Aber wenn man in der Gesellschaft von Menschen sitzt, die sich zu einem bestimmten Zweck versammelt haben, und sie beginnen, verbotene Dinge zu sprechen, und er spürt, dass seine Worte der Zurechtweisung ihnen nichts nützen würden, hängt [was er tun sollte] von Folgendem ab: Wenn es ihm möglich ist, sie zu verlassen oder sich die Finger in die Ohren zu stecken, ist es eine große Mitzwa für ihn, dies zu tun, wie Chazal in Kethuvoth [5a] sagt. Aber wenn es ihm unmöglich ist, sie zu verlassen, und er spürt, dass dieses Mittel, sich die Finger in die Ohren zu stecken, ebenfalls sehr schwierig für ihn ist [denn sie würden ihn verspotten, und er könnte das sicher nicht tun], dann soll er auf jeden Fall dafür sorgen, dass er sich in dieser Zeit der Prüfung umgürtet und "den Krieg des Herrn mit seiner bösen Neigung kämpft", um auf keinen Fall in das Issur der Tora zu stolpern, Lashon Hara zu hören und zu akzeptieren. Daraus ergeben sich drei Erfordernisse, die er unbedingt beachten muss, damit er sich vor dem Issur der Tora, das in dieser Sünde liegt, bewahrt: a] Er muss in sich selbst mit festem Entschluss beschließen, die erniedrigenden Dinge, die sie über ihre Freunde sagen, nicht zu glauben. b] Er darf sich nicht "wohlfühlen", wenn er diese verbotenen Dinge hört. c] Er muss sich disziplinieren, den Sprechern keine Regung zu zeigen, die den Anschein erwecken könnte, dass er mit dem, was sie sagen, einverstanden ist.

Seif 6. Wann gilt das oben Gesagte? Als er sich zu ihnen setzte, hatten sie noch keine verbotene Rede gehalten, und auch jetzt kann er sich nicht von ihnen entfernen. Aber wenn sie zu der Zeit, als er sich zu ihnen setzen wollte, schon begonnen hatten, auf diese Weise zu reden, oder wenn er sich von ihnen hätte entfernen können und er es nicht tat, oder wenn er wusste, dass diese Männer "natürliche Verleumder" waren, deren Wunsch es immer war, herabsetzend über ihre Freunde zu reden, und er ging hin und setzte sich zu ihnen - auch wenn er sich nicht an ihrem Gespräch beteiligte und sich bei ihnen "unwohl" fühlte, wird er dennoch wie sie als Poshea [ein "Übeltäter"] bezeichnet, weil er gegen die Worte von Chazal verstoßen hat, der befahl, sich von unangemessenen Worten zu distanzieren. Wie viel mehr noch, wenn er die Absicht hat, ihre Worte zu hören! Seine Sünde ist "zu groß, um sie zu ertragen", und er wird deswegen oben im "Buch der Erinnerungen" als ein böser Mensch und "ein Mann von Lashon Hara" eingeschrieben, wie wir in Pirkei d'R finden. Eliezer, im Testament von R. Eliezer Hagadol an seinen Sohn Hyrkanus: "Mein Sohn, sitze nicht in der Gesellschaft derer, die schlecht über ihre Freunde sprechen. Denn wenn ihre Worte nach oben steigen, werden sie in ein Buch geschrieben. Und alle, die dort stehen, werden als 'eine Gesellschaft der Bosheit und der Männer von Lashon Hara' niedergeschrieben." Deshalb müssen sich die Menschen von einer solchen bösen Gesellschaft stark distanzieren.

Seif 7. Und wisst, dass, so wie wir im Namen der Poskim geschrieben haben, dass es nach der Thora verboten ist, erniedrigende Dinge zu glauben, die andere über ihre Freunde sagen, so ist der Din, dass, selbst wenn man weiß, dass das, was ihm gesagt wurde, wahr ist, aber dass sie [sein Urteil] in die eine oder andere Richtung neigen könnten, und derjenige, der es ihm gesagt hat, ihn nach der Waage der Schuld beurteilt hat, weshalb er ihn erniedrigt hat - und es ist bekannt, dass es eine Mitzwa für den Hörer ist, ihn nach den Maßstäben des Verdienstes zu beurteilen [und dies ist ein din in der Gemara [Schewuoth 30a] und ein positives Gebot der Tora nach mehreren Poskim] - und wenn man dagegen verstößt und ihn nicht nach den Maßstäben des Verdienstes beurteilt und dem Sprecher zustimmt, der ihn erniedrigt - verstößt man nicht nur gegen [Vayikra 19: 15]: "In Gerechtigkeit sollst du deinen Nächsten richten", sondern er wird auch "ein Akzeptant von Lashon Hara" genannt. Denn weil er ihn nicht nach den Maßstäben des Verdienstes beurteilt hat, hat man ihm die erniedrigenden Worte geglaubt.

Seif 8. Und das alles selbst dann, wenn die Geschichte von einem einfachen Mann handeln würde, der normalerweise darauf achtet, nicht zu sündigen, aber manchmal darüber stolpert. Wie viel mehr, wenn es sich um einen G-ttfürchtenden Menschen handeln würde, für den die Mitzwa "Du sollst deinen Nächsten in Gerechtigkeit richten" noch mehr gilt [vgl. Rambam über Avoth 1:6 und Rabbeinu Yonah, Sha'arei Teshuvah 218]. Und er [der Hörer] übertritt dies und richtet ihn in der Waage der Schuld, indem er mit dem Sprecher in seiner Herabsetzung über ihn übereinstimmt! Mit Sicherheit verstößt er gegen das Verbot der Annahme von Laschon hara.

Seif 9. Genauso wie die Issur des Annehmens von Lashon Hara besteht, wenn der Sprecher über jemanden sagt, dass er jetzt etwas Unrechtes getan hat, von dem uns befohlen wurde, nicht zu glauben, dass die Geschichte wahr ist [wie oben in Abschnitt 1 erwähnt], so gilt dies auch für die anderen Fälle des Issur des [Sprechens] von Peitschenhieb, die wir oben erklärt haben [wie z.B. jemanden mit den Taten seiner Vorfahren oder mit seinen eigenen früheren Missetaten zu beschämen, da er sich jetzt korrekt verhält, oder [ihn zu beschämen] mit einem Mangel an Weisheit, sowohl in der Tora als auch in weltlichen Angelegenheiten, und dergleichen [wie oben in Grundsatz IV und V erwähnt].] Bei allem, was ihn erniedrigt, sind wir ebenfalls angewiesen, die Worte des Sprechers nicht zu akzeptieren, damit derjenige, von dem gesprochen wird, in unseren Augen beschämt wird. Zusammengefasst: Wo immer es eine issur gegenüber dem Sprecher für sein Sprechen gibt, gibt es eine issur gegenüber dem Akzeptierenden für sein Akzeptieren.

Seif 10. Obwohl wir erklärt haben, dass die Annahme von Lashon Hara - das heißt, in seinem Herzen zu glauben, dass die Sache wahr ist - nach der Tora verboten ist, haben Chazal dennoch gesagt [Niddah 61a]: "Man muss trotzdem etwas vermuten." Das heißt, man muss die Sache allein auf der Ebene des Verdachts akzeptieren, um sich vor ihm [dem Betreffenden des Lashon Hara] zu schützen, damit ihm kein Schaden durch seine Hand zugefügt wird. Und es soll kein Zweifel an der

Tatsache bestehen, dass ein Mensch als Kascher angenommen wird [bis zum Beweis des Gegenteils]. Und so ist er [der Hörer] immer noch verpflichtet, ihm [dem Angesprochenen] all das Gute zu gewähren, das die Tora allen Menschen Israels gebietet. Denn sein Wert ist in unseren Augen durch diese Lashon Hara in keiner Weise geschmälert worden. Aber die Tora hat uns erlaubt, aufgrund der Lashon Hara so misstrauisch zu sein, dass wir uns und andere vor ihm schützen müssen. Daher haben die Poskim geschrieben, dass unser Verdacht auch dann erlaubt ist, wenn uns oder anderen Schaden zugefügt werden kann, wenn wir ihn nicht verdächtigen. [Der Aspekt der "anderen" bedarf einer ausführlichen Erklärung. Siehe das Be'er Mayim Chaim hier und weiter unten im zweiten Teil, Grundsatz 9. Denn dort werden wir dies mit Hilfe des HERRN weiter ausführen.] Aber in anderen Fällen [abgesehen von der Angst vor Schaden] ist es verboten, auf der Grundlage von Lashon Hara zu verdächtigen und ihm [dem Sprecher] überhaupt zu glauben.

Seif 11. Und es gibt viele Dinge, bei denen die Menschen im Bereich des "Verdächtigens" stolpern, und es verdient viel Diskussion, aber dies ist nicht der Ort, um es ausführlich zu behandeln. Ich werde darüber, so G-tt will, weiter unten im letzten Absatz schreiben. Aber zusammenfassend lässt sich sagen, dass sie sagen, dass man [im Bereich] der Lashon Hara "misstrauen" muss, was sich nur darauf bezieht, sich vor dem Betreffenden [der Lashon Hara] zu hüten, aber, G-tt bewahre, irgendetwas gegen ihn zu tun oder ihm deswegen Schaden oder Schande zuzufügen, ob groß oder klein, selbst wenn die Lashon Hara von einem einzigen koscheren Zeugen über ihn gesprochen würde, der ihn so in bethdin bezeugt [denn ein einziger Zeuge nützt nichts, es sei denn, er legt einen Eid ab], und mehr noch, ihn deswegen in seinem Herzen zu hassen - auch das ist nach der Tora untersagt. Wie viel mehr kann er sich wegen der Lashon Hara nicht von seinen Verpflichtungen gegenüber dem Angesprochenen entbinden.

Seif 12. Und wenn er bereits Lashon Hara gehört und in seinem Herzen akzeptiert hat, sowohl im Bereich "zwischen dem Menschen und seinem Schöpfer" als auch im Bereich "zwischen dem Menschen und seinem Nächsten", dann besteht seine Änderung darin, dass er sich selbst stärkt, um diese Dinge aus seinem Herzen zu entfernen, dass er sie nicht glaubt und dass er es für die Zukunft auf sich nimmt, Lashon Hara über keinen Menschen aus Israel mehr zu akzeptieren. Und er sollte dies bekennen, und dadurch wird er [seine Übertretung der] negativen und positiven Gebote korrigieren, derer er sich schuldig gemacht hat, indem er Lashon Hara angenommen hat, wie oben in der Einleitung erklärt, wenn er es noch nicht mit anderen in

Verbindung gebracht hat [siehe Be'er Mayim Chayim].

Grundsatz 7

Einleitende Bemerkung

In diesem Grundsatz wird das issur der Annahme von Lashon Hara erklärt, ob es vor drei oder vor ihm [allein] gesagt wurde, und das din, wenn er es von vielen Leuten gehört hat oder es in der Stadt bekannt gemacht wurde, oder einer es "in seiner Unschuld" gesprochen hat, oder [der Sprecher war] einer, dem er geglaubt hat, wie es zwei [Zeugen] sind. Es enthält vierzehn Abschnitte.

Seif 1. Die issur der Annahme von Lashon Hara besteht auch dann, wenn der Sprecher es öffentlich, vor vielen Menschen, sagt. Dennoch darf daraus nicht geschlossen werden, dass es wahr ist, sondern die Träger müssen den Verdacht haben [dass es wahr sein könnte] und der Sache nachgehen. Und wenn es ihnen klar wird, dass es wahr ist, sollen sie ihn [den Betreffenden der Lashon Hara] dafür tadeln [d.h. für das, was er getan oder gesagt hat].

Seif 2. Es gibt keinen Hinderungsgrund, Lashon Hara zu glauben, selbst wenn der Sprecher es ihm ins Gesicht gesagt hat, da wir kein Eingeständnis von demjenigen gehört haben, über den gesprochen wird; wie viel mehr [sollen wir es nicht glauben], wenn der Sprecher jetzt nicht vor ihm steht, sondern nur sagt, er hätte es ihm ins Gesicht gesagt. Und in unseren vielen Sünden straucheln die Menschen sehr darin. Und selbst wenn er jetzt schweigt, wenn das Herabsetzende vor ihm gesagt wird, so ist daraus kein Beweis zu nehmen, dass das Gesagte wahr sei. Und selbst wenn es immer seine [des Betreffenden] Natur war, nie zu schweigen, wenn ihm etwas gegen ihn gesagt wurde, und er diesmal schweigt, [ist das kein Beweis für seine Schuld], denn vielleicht hat er diesmal seine Natur überwunden und beschlossen, "auf den Streit nicht zu antworten, oder vielleicht sah er, dass sie gewiss eher den Worten des Sprechers glauben würden als den seinen - wie es in der Welt üblich ist, dass, wenn einer dem anderen die Dinge ins Gesicht sagt, auch wenn der andere sie hundertmal leugnet, ihm nicht mehr geglaubt wird -, weshalb er mit sich selbst beriet, dass es besser wäre, zu schweigen und in der Gesellschaft der "Beschämten" zu sein. " Es ist also verboten, daraus [aus seinem Schweigen] den Beweis zu ziehen, dass die Sache wahr ist.

Seif 3. Genauso wie es verboten ist, Lashon Hara anzunehmen, wenn er es von einem gehört hat, ist der din derselbe, wenn er es von zwei oder mehr gehört hat. Und dies gilt nicht nur dann, wenn sie [die Sprecher] durch ihr Reden zu "Übeltätern" werden, in welchem Fall man ihnen sicherlich nicht glauben sollte [denn selbst nach ihren Worten, dass Ploni unrechtmäßig gehandelt hat, haben sie gegen das Gebot "Du sollst nicht herumtratschen" verstoßen, was sogar für [Geschichten] gilt, die wahr sind, in welchem Fall sie selbst Übeltäter sind, wie kann man ihnen also über diesen Juden glauben, dessen Status bis jetzt ein absolut kaschrutischer war? Denn wer im Verdacht steht, gegen das negative Gebot gegen Lashon Hara verstoßen zu haben, der steht [auch] im Verdacht, zu lügen, zu fabrizieren und hinzuzufügen. Und was ist, wenn es zwei sind? Selbst wenn es viel mehr wären, "eine Bande von Übeltätern ist nicht von der Zahl" [der koscheren Juden]!] - aber selbst wenn das, was sie über ihn sagen, nicht etwas ist, wofür sie als "Übeltäter" gebrandmarkt werden, wenn die Wahrheit bei ihnen ist, so ist es doch verboten, ihre Worte zu akzeptieren und ihnen stillschweigend zu glauben; denn, selbst wenn es zwei oder mehr sind, kann der Titel "Zeugen" nur denen zugeschrieben werden, die im beth-din bezeugen, nicht aber denen, die außerhalb des beth-din bezeugen, die, selbst wenn sie falsch sprechen, nicht "falsche Zeugen" genannt werden, sondern nur "Verbreiter eines bösen Namens". All dies, soweit es den Glauben betrifft, aber zu vermuten ist erlaubt, auch wenn er es von einem allein gehört hat.

Seif 4. Dasselbe gilt, wenn sich ein Gerücht über jemanden verbreitet hat, dass er etwas getan oder gesagt hat, was nicht mit der Tora übereinstimmt, sei es ein größeres oder kleineres Issur, dann ist es verboten, es anzunehmen, es stillschweigend zu glauben, sondern nur zu vermuten, bis die Sache geklärt ist. Umso mehr muss er, wenn er die Sache anderen erzählen will, darauf achten, dass er nicht die Absicht hat, das Gerücht zu verbreiten und es weiter zu enthüllen, wie wir oben erklärt haben [nämlich Grundsatz II, Abschnitt 2].

Seif 5. All das, was wir gesagt haben, gilt für einen Juden im Allgemeinen; aber wenn er bereits aus der Vergangenheit als Übeltäter bekannt wäre, weil über ihn mehrmals offenbart wurde, dass er eklatant gegen Issurim verstoßen hat, die in ganz Israel als verboten bekannt sind, wie Unzucht und dergleichen - über einen solchen Menschen ist es erlaubt, Lashon Hara anzunehmen.

Seif 6. Und wenn jemand zu ihm kommt und ihm von seinen Angelegenheiten erzählt und etwas enthält, das sowohl für ihn selbst als auch für seinen Freund erniedrigend ist, dann darf er nur das glauben, was für ihn selbst gilt und nicht das, was für seinen Freund gilt.

Seif 7. Und nun werden wir beginnen, mit der Hilfe des Herrn den Din zu erklären, der darin besteht, Lashon Hara von einem Mann anzunehmen, dem man glaubt, wie zwei Zeugen, oder von jemandem, der "in seiner Unschuld" spricht, oder wenn es Elemente in dem Gesagten gibt, die es als wahr erscheinen lassen. Und obwohl sie in den meisten ihrer Dinim gleich sind, habe ich jeden für sich in Abschnitte unterteilt, denn es gibt mehrere Details, in denen sich jeder vom anderen unterscheidet, und auch, damit die Augen des Lesers nicht durch die Fülle der Äste, die sich von jedem einzelnen ausbreiten, überfordert werden. Und dies habe ich mit der Hilfe Dessen begonnen, der den Menschen mit Wissen beschenkt.

Der issur von Lashon Hara gilt auch dann, wenn er von einem gehört wird, der [für den Hörer] glaubwürdig ist wie zwei Zeugen. Zu dem, was wir oben, in Grundsatz IV, Abschnitt 5, geschrieben haben, dass es erlaubt ist, die Angelegenheit heimlich seinem Rabbi oder seinem engen Vertrauten zu offenbaren, wenn er weiß, dass seine Worte wie die von zwei Zeugen geglaubt werden, und dass es für seinen Rabbi erlaubt ist, seine Worte zu akzeptieren und ihn [den Betreffenden der Lashon Hara] zu hassen und sich von seiner Gesellschaft zu entfernen, bis ihm bekannt wird, dass er sein böses Verhalten bereut hat - das ist dort, wo es sich um eine Sache handelt, wegen der es in Wahrheit erlaubt ist, herabsetzend über ihn zu sprechen, wenn er nicht bereut hat, da er wissentlich etwas übertreten hat, von dem ganz Israel weiß, dass es verboten ist, und in diesem Fall darf kein Verdienst von ihm verlangt werden [wie bei der Tat von Toviyah in Pesachim, 113b, die eine Tat der Unzucht ist, und dergleichen]. Nicht so, wenn es sich um eine Sache handelt, bei der ihm ein Verdienst zugeschrieben werden kann, wie z.B. das Fehlen von Wissen über das Issur der Handlung, oder vielleicht, dass er die Handlung unwissentlich ausgeführt hat. Es ist auch nicht erlaubt, allgemein abwertend über ihn zu sprechen, oder dass es ihm an Vorteilen mangelt, wie zuvor in Grundsatz V, Abschnitt 2 erwähnt, oder die [negativen] Taten seiner Vorfahren oder seiner Verwandten oder seine frühen [negativen] Taten zu erwähnen. Gewiss gilt in diesen Fällen nicht, dass man "wie zwei glaubt". Denn was macht es für einen Unterschied, wenn dies [d.h. das, was in diesen Fällen über ihn gesagt wird] gar nicht falsch ist? Trotzdem verbietet die Tora, deswegen herabsetzend von ihm zu sprechen, sondern sie [bestimmt], ihn in solchen Dingen nur nach den Maßstäben des Verdienstes zu beurteilen, wie in Grundsatz IV, Abschnitt 3 erläutert.

Und dem Hörer [wie auch dem Sprecher] ist es deshalb auch verboten, in seinem Herzen abwertend über seinen Freund zu denken [nämlich Grundsatz VI, Abschnitt 7]. Und abgesehen von der issur, [die Lashon Hara] anzunehmen, übertritt er "Vor den Blinden sollst du keinen Stolperstein legen", zusammen mit vielen anderen positiven und negativen Geboten, wie oben in der Einleitung erklärt. Denn der Sprecher verstößt mit Sicherheit gegen das Issur von Lashon Hara, wie es von allen Poskim erklärt wird, und zwar dahingehend, dass Lashon Hara verboten ist, selbst wenn es wahr ist, und er [der Annehmende] bringt ihn [den Sprecher] zu diesem Issur. Denn wenn er sich weigern würde, zuzuhören, würde sein Freund [der Sprecher] gar nicht zu diesem Issur kommen. Und je mehr die Worte des Sprechers angenommen werden und seine [des Sprechers] Handlung wirksam ist, desto schwerer ist die Handlung des Annehmenden, denn durch ihn wird sein Freund zu einem so großen issur gebracht.

Seif 8. Und selbst [wenn das, wovon gesprochen wird, dem Toviyah [d.h. dem Grundsatz 7] gleicht], ist es nicht erlaubt, es kategorisch zu akzeptieren, sondern nur mit den beiden folgenden Einschränkungen:

a] nur wenn er [der Sprecher] ihm sagt, dass er die Sache selbst gesehen hat; wenn er es aber von anderen gehört hat, hat dieser Sprecher überhaupt keinen Vorteil.

b] Auch wenn er ihm gesagt hat, dass er es selbst gesehen hat, ist es nur erlaubt, ihm zu glauben und sich von seiner [des Sünders] Gesellschaft zu entfernen, bis bekannt ist, dass er sein böses Verhalten bereut hat, aber nicht hinzugehen und es anderen zu offenbaren [vgl. Grundsatz IV, Ende von Abschnitt 5]. Wie viel mehr ist es nicht erlaubt, ihm einen finanziellen Verlust zuzufügen oder ihn zu schlagen, G-tt bewahre, deswegen.

Seif 9. Und wenn derjenige, der die Lashon Hara gesprochen hat, sie "in seiner Unschuld" gesprochen hat [dies wird im Be'er Mayim Chayim erklärt], ist das din wie folgt: Wenn es in dieser Angelegenheit, selbst wenn sie wahr ist, Grund gibt, ihn in der Waage des

Verdienstes zu beurteilen, oder wenn es sich um die Verneinung von Vorteilen handelt, oder um einen der anderen Fälle, die wir in Abschnitt 7 erklärt haben, wenn dieser Sprecher die Sache selbst nicht gesehen, sondern nur von anderen gehört hat, ist es sicherlich verboten, es von ihm anzunehmen und es in seinem Herzen als erniedrigend für seinen Freund zu glauben. Und selbst wenn keiner dieser Punkte zutrifft, muss er sich davor hüten, von jemandem, der "in seiner Unschuld" spricht, etwas anzunehmen, das seinen Freund herabwürdigt. Und es ist gewiss verboten, sich darauf zu berufen, um danach zu gehen und dies anderen zu erzählen oder ihn deswegen mit Worten zu beschämen. Und wie viel mehr ist es verboten, ihm einen finanziellen Schaden zuzufügen oder ihn zu schlagen, G-tt bewahre, was nach der Tora definitiv verboten ist.

Seif 10. Und wenn es "Anzeichen" dafür gibt, dass das, was über ihn gesagt wird, wahr ist, dann ist der Din folgendermaßen: Selbst wenn es in dieser Sache, selbst wenn sie wahr ist, Grund gibt, ihn in der Verdienstskala zu beurteilen, oder wenn es sich um die Verneinung von Vorteilen handelt, oder um einen der anderen Fälle, die wir oben in Abschnitt 7 erklärt haben, gelten die "Anzeichen" hier nicht; denn sicherlich müssen wir ihn in der Verdienstskala beurteilen, da er ein "mittelmäßiger" Mensch [und kein bestätigter Übeltäter] ist, damit er nicht in unseren Augen deswegen beschämt wird, wie oben erwähnt. Wenn es sich aber um eine Sache handelt, bei der kein Element des Verdienstes für den Handelnden gefunden werden kann, ist es erlaubt, zu glauben und zu akzeptieren.

Seif 11. Und das gilt nur, wenn es echte Hinweise sind, das heißt, wenn sie sich direkt auf die Geschichte beziehen, und er sie selbst gesehen hat. Wenn sie aber weit von ihr [der Geschichte] entfernt sind und nur geringfügige Hinweise sind, oder wenn er sie nicht selbst gesehen, sondern nur von anderen gehört hat, dann hat er darin [gegenüber der Annahme] überhaupt keinen Vorteil.

Seif 12. Und wisse, dass dies auch bei "echten Hinweisen" nur insoweit von Nutzen ist, als es ihm erlaubt ist, das, was ihm gesagt wird, selbst zu glauben, aber insoweit, als er danach hingeht und es anderen erzählt, ist es von keinem Nutzen. Denn es hat keinen Vorteil gegenüber dem Fall, dass er selbst etwas Erniedrigendes in seinem Freund sieht, in welchem Fall es ihm verboten ist, es danach anderen zu erzählen, wie oben in Grundsatz IV, Abschnitt IV erklärt. Und wisse ferner, dass es in jedem Fall verboten ist, sich auf diesen Hasser von "echten Anzeichen" zu verlassen, um ihm dadurch einen finanziellen Schaden zuzufügen oder ihn zu schlagen.

Seif 13. Manchmal wird dem beth-din die Erlaubnis gegeben, einen zu schlagen, weil "die Stunde es erfordert". Zum Beispiel, wenn jemand kommt, um vor ihnen über etwas zu schreien, das ihm gestohlen wurde, weil er [wie er sagt] "wirkliche Anzeichen" dafür hat, dass Ploni ihm die Sache gestohlen hat. Und auch die beth-din sehen die Indizien, oder Zeugen bezeugen sie als vorhanden. [In einem solchen Fall] wurde ihnen [beth-din] die Erlaubnis erteilt, [dem Angeklagten] Schläge zu geben, damit er gesteht. Aber eine Einzelperson und sogar beth-din, wenn die "Anzeichen" nicht von ihnen, sondern nur vom Kläger bestätigt wurden, haben diese Erlaubnis nicht erhalten.

Seif 14. Und daran wirst du sehen, wie viele Menschen sich in diesen Dingen irren [insofern], dass sie, wenn ihnen etwas gestohlen wird und sie jemanden verdächtigen, den städtischen Würdenträgern sagen, dass sie "Hinweise" gegen ihn haben, und sie "schlagen und bestrafen", nicht in Übereinstimmung mit dem din, um ihn zum Geständnis zu bringen. Und in Wahrheit ist dies nicht im Einklang mit dem din. Denn wenn "Indizien" wie ein Beweis für die Tat [des Diebstahls] selbst wären [und die städtischen Würdenträger werden als beth-din betrachtet], müssten sie dann nicht zuerst wissen, dass es [der Gegenstand] gestohlen wurde? Müssten sie nicht Zeugen für die "Indizien" sein, oder müssten sie [die "Indizien"] selbst sehen [wie in der Geschichte von Mar Zutra, d.h. Sanhedrin 46a], sich aber nicht auf den Kläger verlassen und einen Juden vergeblich erschlagen! Und auch nur dem Kläger im Herzen zu glauben, dass dieser

Mann ihn bestohlen hat, ist wegen der Annahme von Lashon Hara verboten. Wie viel mehr noch, sich darauf zu verlassen und ihn zu schlagen, womit sie einen großen Issur begehen und das negative Gebot "Er soll nicht mehr [schlagen]!" [Devarim 25:3].

Grundsatz 8

Einleitende Bemerkung

In diesem Grundsatz wird das Issur des Sprechens von Lashon Hara in all seinen Aspekten erläutert. Er enthält vierzehn Abschnitte. Im vorangegangenen Prinzip haben wir erklärt, was man " Lashon Hara" nennt, in all seinen Aspekten, und ebenso den Din gegen die Annahme von Lashon Hara. Und nun werden wir in diesem Prinzip das Issur des Sprechens von Lashon Hara erklären, das uns die Tora verbietet: die Art des Sprechers, derjenige, über den gesprochen wird, und derjenige, vor dem es gesprochen wird, alles in dieser Reihenfolge. Und ebenso werden wir die Annahme von Lashon Hara erklären. Deshalb soll es den Leser nicht verwundern, dass ich manchmal etwas sehr Einfaches schreibe. Dies ist so, damit die Reihenfolge der Dinge konsistent ist oder weil es etwas ist, bei dem viele sich irren. Außerdem wird er, wenn er aufmerksam liest, am Ende eines jeden Themas etwas Neues finden. Zuerst werden wir die Natur des Sprechers erklären.

CHOFETZ Erster Teil CHAIM

Seif 1. Es macht keinen Unterschied, ob der Sprecher ein Mann oder eine Frau, ein Verwandter oder kein Verwandter ist, obwohl derjenige, der erniedrigt wird, in der Regel nicht beleidigt ist, wenn der Sprecher durch die Familienliebe motiviert ist, die sie verbindet. Und es ist auch die Art und Weise eines Verwandten, dass er, wenn er zu jemandem über seinen Verwandten spricht, nicht die Absicht hat, ihn zu erniedrigen, sondern um die Wahrheit bemüht ist, weil er der Meinung ist, dass sein Verwandter einem anderen in einer bestimmten Angelegenheit Unrecht getan hat. Wenn er [der Sprecher] jedoch in dieser Hinsicht einen Fehler gemacht hat, d.h. wenn er zu voreilig war, um seinen Verwandten zu belasten, obwohl er in Wirklichkeit unschuldig war, verlässt dies nicht die Kategorie des absoluten Lashon Hara.

Seif 2. Und nun werden wir damit beginnen, zu erklären, gegen wen die Tora verbietet, Lashon Hara zu sprechen. Der issur von Lashon Hara gilt sowohl für [das Sprechen gegen] einen Mann als auch für [das Sprechen gegen] eine Frau. Und es gibt dabei keinen Unterschied zwischen der eigenen Frau und der Frau eines anderen. Und viele verirren sich darin, in unseren vielen Sünden, weil es in ihren Augen erlaubt ist, über seine Frau und das Haus seines Schwiegervaters vor seinen Brüdern und dem Haus seines Vaters herablassend zu sprechen. Aber nach dem Din gibt es hierin keinen Unterschied, wenn er nicht beabsichtigt, ihnen damit einen künftigen Nutzen zu verschaffen und sie nicht zu erniedrigen, und wenn er auch keine Unwahrheit in seine Worte mischt. Und sein ganzer din entspricht dem, was weiter unten in Grundsatz 10, Abschnitt 6, usw. erklärt wird.

Seif 3. Und manchmal gilt der Issur, Lashon Hara zu sprechen, sogar [wenn er] gegen einen Minderjährigen gerichtet ist - wie etwa, wenn man herablassend über ein kleines Waisenkind spricht, das andere in ihrem Haus aufziehen. Denn dies [Lashon Hara] kann dazu führen, dass sie ihn hinauswerfen. Und all solche Fälle, in denen der Minderjährige durch sein Reden geschädigt oder gekränkt werden kann. Und [zum Din] wenn das, was er über den Minderjährigen sagt, öffentlich bekannt ist, siehe oben ["Grundsatz II", Abschnitt 3 und Abschnitt 9, und Teil 2, "Grundsatz II", Abschnitt 3]. Und wenn er durch sein Reden beabsichtigt, Schaden zu verhindern, den dieser Minderjährige zu verursachen geneigt ist, und ihn auf einen gerechten Weg zu führen, ist es ihm erlaubt [so zu reden]. Aber er muss von Anfang an klar wissen, dass das, was er sagt, wahr ist, und darf sich nicht auf das verlassen, was er von anderen gehört hat, wie unten in Grundsatz 10 erläutert wird. Er muss auch in der Lage sein, vorauszusehen, wozu seine Worte führen werden, denn sehr oft resultiert daraus "ein falsches Urteil".

Seif 4. Und wisst, dass die issur, Lashon Hara zu sprechen, sogar gegen einen Unwissenden [am ha'aretz] gilt. Denn auch er gehört zur Kategorie "Volk des Herrn und seiner Heerscharen", die er aus Ägypten herausgeführt hat. Wie viel mehr noch, wenn jemand Lashon Hara gegen einen Toragelehrten spricht, ist seine Sünde extrem schwer! Und Chazal haben gesagt [Berachoth 19a]: "Alle, die [Lashon Hara] nach der [Begräbnis-]Sänfte eines Toragelehrten sprechen, fallen in Gehinnom." Und oft kommt er dadurch dazu, einen Toragelehrten zu beschämen. Und die Größe der Strafe für die Beschämung eines Toragelehrten ist wohlbekannt [vgl. Sanhedrin 99b und Joreh Deah 243:6], so dass die Beschämung eines Toragelehrten in die Kategorie von [Bamidbar 15:31] fällt: "Denn das Wort des Herrn hat er beschämt... Abgeschnitten soll diese Seele sein. "Aber die böse Neigung verleitet die Menschen dazu, zu glauben, dass das Verbot, einen Toragelehrten zu beschämen, nur für die Zeit der Gemara gilt, als sie besonders weise waren, nicht aber für die Menschen unserer Zeit. Und das ist ein großer Irrtum; denn jeder "Toragelehrte" wird in Bezug auf die Generation [so genannt]. Und selbst in unserer Generation, wenn er nur zum Lehren taugt und sich in der Tora abmüht, wird er Toragelehrter genannt. Und wenn man ihn beschämt, sogar mit Worten im Allgemeinen, sogar nicht zu seinem Gesicht, hat er eine schwere Sünde begangen und kann exkommuniziert werden [vgl. Yoreh Deah 243:7 und Shach 68]: Wie viel mehr, wenn dieser Toragelehrte der Posek der Stadt ist, in welchem Fall die issur desjenigen, der ihn beschämt, noch größer ist. Denn abgesehen davon, dass er ihn als Weisen ansehen und ehren muss, weil er sich auf seine Entscheidungen verlässt, hält er die Öffentlichkeit vom Dienst des Herrn ab, wenn er abwertend über ihn spricht. Denn durch diese [Lashon Hara] wird der Rest des Volkes sagen: "Warum sollten wir zu ihm gehen und ihn bitten, über die Tora-Streitigkeiten zwischen uns zu entscheiden, wenn er nicht einmal zwischen uns vermitteln kann!" Und deshalb wird jeder für sich selbst einen "Opferhügel" errichten! [zusammen mit anderen Verderbtheiten, die zu zahlreich sind, um sie zu erwähnen, möge der Herr uns beschützen!]

Seif 5. Und diese ganze issur von Lashon Hara gilt nur [wenn sie gesprochen wird] gegen den Mann, der in der Kategorie "dein Nächster" [amitecha], "am she'techa", "ein Volk, das mit dir" in der Tora und in den mitzvoth ist. Aber jene Leute, von denen er weiß, dass sie "apikorssut" [Ketzerei] unter sich haben, ist es eine Mitzwa, zu erniedrigen und zu beschämen, sowohl in ihrer Gegenwart als auch außerhalb ihrer Gegenwart, in allem, was er über sie sieht oder hört. Denn es steht geschrieben [Vayikra 25:17]: "Und du sollst nicht Unrecht tun, ein Mensch seinem Nächsten [amito]" und [Vayikra 19:16]: "Du sollst nicht schwatzhaft unter deinem Volk [be'amecha] gehen." Und sie gehören nicht in diese Kategorie, denn sie handeln nicht wie dein Volk. Und es steht geschrieben [Tehillim 139:21]: "Hasse ich nicht deine Hasser, o Herr? Und gegen die, die sich gegen Dich erheben, strebe ich." Und wer die Tora und die Prophetie Israels leugnet, sowohl das geschriebene als auch das mündliche Gesetz, wird ein Apikoress [Ketzer] genannt, auch wenn er sagt, die ganze Tora sei vom Himmel, außer einem Vers oder einem kal vachomer [a fortiori-Argument] oder einem gezeirah shavah [Identitätsableitung] oder einem dikduk [Schlussfolgerung].

Seif 6. Und das gilt nur, wenn er selbst von ihnen Worte der Ketzerei gehört hat, aber wenn andere es ihm gesagt haben, ist es verboten, sich darauf zu stützen, um sie zu erniedrigen, sowohl in ihrer Anwesenheit als auch außerhalb ihrer Anwesenheit. Und er darf dies auch nicht in seinem Herzen glauben, wie bei der Annahme von Lashon Hara [vgl. Grundsatz VI]. Aber er muss in der Zwischenzeit darauf achten, sie zu verdächtigen, und auch andere heimlich warnen, sich ihnen in der Zwischenzeit nicht anzuschließen, bis die Sache geklärt ist. Und all dies gilt für das Hören im Allgemeinen, aber wenn sie anerkannte Ketzer in der Stadt sind, ist sein Din so, als ob er sie selbst kennen würde [und die Ketzerei von ihnen hören würde].

Seif 7. Und wisst auch, dass, wenn jemand in der Stadt als Übeltäter anerkannt wird, wegen anderer Vergehen, für die er erniedrigt werden darf, der Din derselbe ist. Und wer ist "anerkannt"? Jemand, den die Leute in der Stadt zweifelsfrei für einen Übeltäter halten [wegen der bösen Gerüchte, die immer wieder über ihn verbreitet werden, wenn es um Unzucht und dergleichen geht, Dinge, von denen ganz Israel weiß, dass sie verboten sind]. Aber wenn man ein Gerücht über ihn hört, ist es verboten, sich darauf zu stützen, um ihn zu verunglimpfen, G-tt bewahre, und es ist sogar verboten, es in seinem Herzen zu glauben, wie wir oben in Grundsatz 7 erklärt haben. [Und obwohl ich mich sehr davor gefürchtet habe, dieses [Heter] aufzuschreiben, wegen der "Männer der Zunge", die, sobald sie von irgendjemandem eine Spur von etwas Falschem hören, den Mann sofort als "anerkannt" in der Schlechtigkeit brandmarken, und sie werden ihn erniedrigen und den Heter, diesem Buch zuschreiben; trotzdem habe ich es nicht weggelassen, in Übereinstimmung mit dem, was Chazal über Rabban Yochanan ben Zakkai sagte [Bava Bathra 89b]: "Er sagte es [[etwas "Riskantes", analog zu dem oben Gesagten]], und in Übereinstimmung mit diesem Vers sagte er es [Hosea 14:10]: 'Denn die Wege des HERRN sind gerecht. Die Gerechten werden auf ihnen wandeln, und die Frevler werden auf ihnen straucheln.'"]

Seif 8. Und wisst, dass die Aussage anderer, dass es erlaubt ist, Lashon Hara gegen "streitende Männer" zu sprechen, nur dann zutrifft, wenn man den Menschen ihre [der Streitenden] große Täuschung in dieser Angelegenheit offenbart und sie sehen, dass der Din nicht auf ihrer Seite ist, wird der Streit aufhören. Wenn dies aber nicht der Fall ist, gibt es keinen Unterschied in der Angelegenheit. Die folgenden Einzelheiten sind auch [für einen Heter] erforderlich:

a. dass die Dinge, die ihn davon überzeugen, dass sie "Männer des Streites" sind, von ihm selbst erkannt werden und nicht dadurch, dass er sich auf das verlässt, was er von anderen hört, es sei denn, es ist für ihn klar, dass das, was sie sagen, wahr ist.

b. Er muss den oben genannten Nutzen beabsichtigen und darf nicht von Hass motiviert sein.

c. Wenn es ihm möglich ist, den Streit auf andere Weise zum Schweigen zu bringen, ohne dass er gegen sie sprechen muss, wie z.B. durch Vorwürfe oder ähnliches, ist es ihm verboten, Lashon Hara gegen sie zu sprechen - es sei denn, er fürchtet sich, sie zu tadeln, damit die "Streithähne", wenn sie sehen, dass er nicht mit ihnen übereinstimmt, seinen Rat nichtig machen, bis er keine Möglichkeit mehr hat, die Angelegenheit zu regeln. Aber in einem solchen Fall muss er große Umsicht walten lassen und darf nicht vorschnell beschließen, eine Partei als "Streithähne" zu bezeichnen. Vielmehr muss er gemäß der Tora sorgfältig beurteilen, wer die "Streithähne" sind. Und wenn er nicht entscheiden kann, wer im Recht ist, ist "Sitzen und nichts tun" der beste Weg.

Seif 9. Und wisse weiter, dass es sogar verboten ist, die Toten zu beschämen und zu beleidigen. Und die Poskim haben geschrieben, dass es ein Verbot und ein Bann der frühen Meister gibt, die Toten nicht zu verleumden oder einen schlechten Bericht über sie zu verbreiten. All dies, selbst wenn der Tote ein Unwissender war; wie viel mehr, wenn er ein Toragelehrter war, ist derjenige, der ihn beschämt, einer großen Sünde schuldig und unterliegt dem Verbot dafür! [vgl. Joreh Deah 243:7]. Und der Issur, einen Toragelehrten zu beschämen, besteht auch dann, wenn er den Gelehrten selbst beschämt; wie viel mehr ist es verboten, seine Worte der Tora zu beschämen!

Seif 10. Und nun werden wir erklären, vor wem es verboten ist, Lashon Hara zu sprechen. Es gibt keinen Unterschied im Issur des Erzählens, ob er es zu anderen, Verwandten oder Nicht-Verwandten, oder zu seiner Frau sagt, es sei denn, es gibt einen zukünftigen Nutzen, der daraus gezogen werden kann. Zum Beispiel, wenn sie schlechten Leuten Kredit gibt, von denen es später schwierig sein wird, sie einzutreiben, weswegen er ihr von ihrer schlechten Natur erzählt und sie warnt, ihnen keinen Kredit zu geben. Dasselbe gilt für den Fall, dass ein Partner dem anderen über bestimmte Leute sagt, dass sie seiner Meinung nach nicht vertrauenswürdig sind, und dergleichen [wie in Kidduschin 52b]: "Erlaube den Schülern von R. Meir nicht, hierher zu kommen, denn sie sind streitsüchtig, usw."] Und selbst wenn er selbst ihre Schlechtigkeit nicht erkennt, sondern nur von ihnen gehört hat, ist es auch erlaubt, es ihr zu sagen und sie für die Zukunft zu warnen, auch wenn er nicht stillschweigend glauben darf, was er über sie gehört hat; aber er muss auf jeden Fall misstrauen. [Aber in diesem Fall darf er es ihr nicht so sagen, dass er implizit glaubt, was er gehört hat, sondern er soll nur zu ihr sagen: "Ich habe dies und jenes über diesen Mann gehört; hüte dich also, ihm Glauben zu schenken." Aber ohne dies gibt es keinen Unterschied in dieser Angelegenheit [zwischen seiner Frau und anderen]. [Aber viele irren darin, indem sie ihren Frauen alles erzählen, was ihnen mit diesem und jenem Mann im Studienhaus oder auf dem Marktplatz widerfahren ist. Nun, abgesehen von der issur der Lashon Hara, schürt er damit auch Streit. Denn sie wird deswegen sicherlich Hass und Streit mit diesem Mann oder mit den Mitgliedern seines Haushalts hegen. Und sie wird ihn auch dazu anstacheln, wieder zu diesem Mann zu gehen und mit ihm zu streiten. Und am Ende wird sie selbst ihn dadurch beschämen. Deshalb wird sich jemand, der umsichtig ist, sehr hüten, seiner Frau solche Dinge zu verraten].

Seif 11. Und es gibt keinen Unterschied in diesem Issur, ob er es Leuten erzählt, die nicht mit dem Mann verwandt sind, oder seinen

Verwandten. Und selbst wenn jemand über seinen Bruder vor seinem Vater spricht, ist das Lashon Hara. Selbst wenn er mit seinem Erzählen beabsichtigt, dass seine Verwandten ihn dafür tadeln, ist es ebenfalls verboten. Denn er hätte ihn zuerst selbst zurechtweisen sollen und nicht gleich hingehen, um seine Schande auszusprechen - es sei denn, er nahm an, dass seine Zurechtweisung nichts nützen würde; in diesem Fall ist es erlaubt.

Seif 12. Und wisset auch, dass die issur der Lashon Hara gilt, auch wenn er ihn vor einem Juden erniedrigt; wie viel mehr, wenn er ihn vor Nichtjuden erniedrigt! Denn abgesehen davon, dass er damit die Ehre Israels beschämt und die Ehre des Himmels entweiht, fügt er auch seinem Freund großes Unheil zu. Denn wenn er vor einem Juden herabsetzend über seinen Freund spricht, wird man ihm nicht gleich glauben. Spricht er aber zu einem Nichtjuden über einen Juden und sagt ihm, dieser Jude sei ein Betrüger und Menschenverächter und dergleichen, so wird er das sofort glauben und es allen mitteilen und ihm Schaden und Kummer zufügen. Wie viel mehr noch, wenn er hingeht und gegen einen Juden vor Nichtjuden aussagt, ist seine Sünde zu groß, um sie zu tragen. Denn dadurch kommt er in die Klasse der "Denunzianten", und sein Getöse gleicht dem eines Ketzers und derer, die die Thora und die Auferstehung leugnen: "Gehinnom endet, sie aber nicht." [vgl. Rosch Haschana 17a]. Deshalb muss sich jeder Israelite sehr davor hüten. Und wer dagegen verstößt und einen Juden an sie verrät, ist wie einer, der Mosche Rabbeinu, Friede sei mit ihm, beleidigt und lästert und seine Hand gegen ihn erhebt [vgl. Choshen Mishpat 26].

Seif 13. Und nun werden wir den Din der Annahme von Lashon Hara erklären. Die Annahme von Lashon Hara, vor der uns die Tora gewarnt hat, besteht darin, nicht in seinem Herzen zu glauben, dass das, was [gesagt wird], wahr ist. Es ist nicht nötig, auf [den Unterschied zwischen] der Natur des Annehmenden und [der des] Menschen, über den er annimmt, einzugehen. Denn es gibt fast keinen Unterschied. Aber das grundlegende Prinzip der Sache ist, kurz gesagt, dies. Jedem Juden wird befohlen, keinen Lashon Hara gegen einen anderen Juden anzunehmen - außer gegen Ketzer, Denunzianten und dergleichen - diejenigen, die die Kategorie "deinesgleichen" verlassen haben.

Seif 14. Es gibt auch keinen Unterschied in der Akzeptanz von Lashon Hara, je nachdem, ob er es von anderen oder von seinem Vater, seiner Mutter oder den Mitgliedern seines Haushalts gehört hat. Darüber hinaus finden wir [Tanna d'bei Eliyahu 28], dass ein Mann, der seinen Vater und seine Mutter "überflüssige Worte" wie Lashon Hara und dergleichen sprechen sah, nicht nur ermahnt wird, ihre Worte nicht zu akzeptieren, sondern auch, sie daran zu hindern, diese Worte zu sprechen. Und wenn er schweigt, werden sowohl er als auch sie schwer bestraft. Und in Schabbat 54b heißt es, dass jemand, der gegen die Männer seines Haushalts protestieren sollte [und es nicht tut], in der kommenden Zeit für die Männer seines Haushalts "gefangen" [zur Bestrafung] wird. Deshalb sollte ein Mann in seinem Haus immer daran gewöhnt sein, diese Dinge zu tadeln [aber nur sanft, und ihnen die Größe der Strafe dafür in der kommenden Zeit vor Augen zu führen, und die Größe der Belohnung für jemanden, der sich davon fernhält]. Und er soll vor allem immer auf sich selbst aufpassen, dass die Glieder seines Hauses niemals aus seinem Mund etwas Herabsetzendes gegen seinen Freund hören. Denn wenn er selbst dagegen verstößt, wird er, abgesehen von dem Issur selbst, selbst zu einem großen Hindernis. Denn er wird nie wieder eine Rechtfertigung haben, sie dafür zu tadeln. Und in den meisten Fällen wird das Verhalten der Mitglieder des Haushalts in solchen Dingen durch das Verhalten des Haushaltsvorstands selbst bestimmt. Deshalb muss er selbst sehr darauf achten, und es wird ihm in dieser und in der nächsten Welt gut gehen.

Grundsatz 9

Einleitende Bemerkung

In diesem Prinzip wird avak Lashon Hara [der "Staub" der Lashon Hara] in allen Einzelheiten erklärt. Es enthält sechs Abschnitte.

CHOFETZ Erster Teil CHAIM

Seif 1. Es gibt Dinge, die wegen des "Staubes" der Lashon Hara verboten sind. Zum Beispiel, wenn man über einen anderen sagt: "Wer hätte von Ploni gesagt, dass er so sein würde, wie er jetzt ist!" oder "Sprich nicht über Ploni. Ich will nicht darüber reden, was passiert ist oder was passieren wird", und ähnliches. In die Kategorie des "Staubes" von Lashon Hara gehört auch, dass man vor seinen Feinden lobend spricht; denn das wird sie veranlassen, herabsetzend über ihn zu sprechen. Und es ist verboten, ihn ausgiebig zu loben, auch wenn er es nicht vor seinen Feinden tut; denn dadurch wird er ihn am Ende herabsetzen und sagen: "Bis auf diesen einen schlechten Charakterzug, den er hat." Oder die Zuhörer werden sagen: "Warum sprichst du so viel zu seinem Lob? Hat er nicht diesen und jenen Charakterzug?"

Seif 2. All dies, wenn er ihn nicht in der Öffentlichkeit lobt. Aber in der Öffentlichkeit ist es auf jeden Fall verboten. Denn in einer Versammlung von vielen Menschen finden sich zwangsläufig sowohl "Rechte" als auch "Linke" oder Neider, und wenn man ihn lobt, werden sie [die Letzteren] dazu kommen, herablassend über ihn zu sprechen. Und wenn er einen Mann loben will, der von allen anerkannt und bekannt ist, dass er koscher und ein Zaddik ist, an dem kein Übel oder Fehler zu finden ist, dann soll er sogar vor einem Feind und einem Neider gelobt werden; denn er wird ihn nicht herabsetzen können. Und wenn er ihn doch herabwürdigt, werden alle wissen, dass er falsch gesprochen hat.

Seif 3. Man muss auch aufpassen, dass man seinen Freund nicht mit Lob lobt, das zu Verlusten führt, wie wenn ein Gast auf den Stadtplatz geht und allen verkündet, wie üppig sein Gastgeber ihn mit Essen und Trinken bewirtet und wie viel Mühe er sich für ihn gegeben hat. Denn dadurch versammeln sich "leere" Menschen, die sich auf den Gastgeber stürzen und sein Essen verzehren. Von einem solchen steht geschrieben [Mischlei 27:14]: "Wer früh am Morgen seinen Freund mit lauter Stimme segnet, dem wird es als Fluch angerechnet werden." Und daraus lässt sich ableiten, dass das Gleiche für jemanden gilt, der von seinem Freund ein Darlehen erhalten hat und seine große Großzügigkeit vor allen Leuten bekannt macht. Denn dadurch werden viele anrüchige Menschen auf ihn zukommen, und er wird sie nicht abwehren können. Und man muss auf seinen Mund und seine Zunge aufpassen, damit man sich nicht durch seine Worte verdächtig macht und nicht als Sprecher von Lashon Hara angesehen wird. Und wenn er sich selbst verdächtig macht, gehört dies zur Kategorie des "Staubes" von Lashon Hara.

Seif 4. Es ist verboten, in Nachbarschaft mit "Menschen der Lashon Hara" zu leben, und erst recht, mit ihnen zusammenzusitzen und ihre Worte zu hören [denn er neigt seine Ohren zum Hören], auch wenn er nicht die Absicht hat, das, was sie sagen, anzunehmen [vgl. Grundsatz VI, Abschnitt 2].

Und wenn er von einem seiner Schüler weiß, dass er einer der "Zungenmenschen" ist, muss er ihn von sich fernhalten, wenn er weiß, dass die Zurechtweisung ihm nichts nützt.

Und wenn er durch ein Missgeschick in einer Gesellschaft von "Männern der Zunge" "ertappt" wurde und hörte, wie sie Lashon Hara sprachen - wenn er annimmt, dass seine Zurechtweisung helfen könnte, sie zu stoppen, muss er sie sicherlich gemäß dem Din der Tora zurechtweisen. Und selbst wenn er davon ausgeht, dass seine Zurechtweisung sie nicht aufhalten wird, aber dass er die Sache nicht noch schlimmer macht, indem er sie zurechtweist, darf er auch hier nicht schweigen, damit sie nicht annehmen, dass er so ist wie sie und das, was sie sagen, ihm gefällt. Wie viel mehr muss er ihnen antworten und sie zurechtweisen, um die Ehre eines unschuldigen Mannes und eines Zaddiks zu verteidigen, den sie beschimpfen. Dies ist einer der Gründe, warum man eine Gesellschaft von Übeltätern verlassen muss - denn er wird dafür bestraft werden, dass er ihre Worte hört und es versäumt, sie zurechtzuweisen.

Seif 5. Und wisse, dass es eine Mitzwa ist, seinen jungen Sohn und seine Tochter zurechtzuweisen und ihnen Einhalt zu gebieten, selbst wenn er sie Lashon Hara sprechen hört, wie es geschrieben steht [Mishlei 22:6]: "Leite den Jüngling nach seiner Neigung usw.", wie es in Orach Chaim 343:1

im Zusammenhang mit allen Issurim in der Tora erklärt wird.

Seif 6. Wenn man seinem Freund etwas erzählt, darf er es nicht an andere weitergeben, es sei denn, er hat ihm die Erlaubnis dazu gegeben. Und das auch nur, wenn es keine Lashon Hara enthält.

Grundsatz 10

Einleitende Bemerkung

In diesem Grundsatz werden einige Details von avak Lashon Hara "zwischen dem Menschen und seinem Nächsten" erklärt - das heißt, wenn man seinen Nächsten bestohlen oder ihm Unrecht getan hat oder ähnliches, oder wenn jemand ihn bestohlen oder ihm Unrecht getan oder ihn beleidigt hat - wie ist es erlaubt, dies anderen mitzuteilen.

Oben, in Grundsatz IV, haben wir den Din von Lashon Hara im Bereich "zwischen dem Menschen und seinem Schöpfer" erklärt. Nun werden wir mit der Hilfe des Herrn beginnen, den Din im Bereich "zwischen dem Menschen und seinem Nächsten" zu erklären. Wir haben diesen Bereich in einen eigenen Grundsatz aufgeteilt, weil sein din in vielerlei Hinsicht unterschiedlich ist. Ich beginne dies mit der Hilfe dessen, der dem Menschen Wissen gewährt.

Seif 1. Wenn jemand sieht, dass jemand seinem Freund Schaden zufügt, sei es, dass er ihn beraubt, ihm Unrecht zufügt oder ihm Schaden zufügt, gleichviel, ob der Beraubte oder der Geschädigte davon weiß oder nicht, oder wenn er ihn beschämt oder ihm Unrecht zufügt, oder ihm mit Worten Unrecht getan hat - und es ist ihm klar geworden, dass er ihm den Diebstahl nicht zurückgegeben oder den Schaden nicht ersetzt hat und ihn nicht um Verzeihung für seine Übertretung gebeten hat -, so kann er, auch wenn er es selbst gesehen hat, anderen davon berichten, um dem, dem Unrecht getan wurde, zu helfen und diese bösen Taten vor den Menschen zu verurteilen; aber er muss darauf achten, dass die folgenden sieben Details nicht fehlen, die wir jetzt erklären werden:

Seif 2.

a. dass er die Sache selbst sieht undv nicht von anderen davon hört, es sei denn, es wird ihm hinterher klar, dass die Sache wahr ist.

b. dass er darauf achtet, dass er nicht sofort feststellt, dass es sich um Diebstahl oder Unrecht oder Schaden und dergleichen handelt, ohne sorgfältig zu prüfen, ob es sich tatsächlich um Diebstahl oder Schaden im Sinne des Din handelt.

c. dass er den Sünder zuerst sanft zurechtweist - vielleicht wird es [der Beweis] ihm nützen und er wird dadurch seine Wege korrigieren. Und wenn er nicht auf ihn hört, dann soll er die Leute auf die Schuld dieses Mannes hinweisen - wie er seinen Freund absichtlich geschädigt hat. [Und wenn er weiß, dass seine Zurechtweisung nicht angenommen werden wird - das wird weiter unten, so der Herr will, in Abschnitt 7 erklärt].

d. dass er das Unrecht nicht über das Maß hinaus übertreiben soll, das es ist.

e. dass er das Wohl [der anderen] beabsichtigt und nicht, G-tt bewahre, um selbst von dem Makel zu profitieren, den er seinem Freund zuschreibt, und nicht aus dem Hass heraus, den er von früher her gegen ihn hegt.

f. wenn er den gewünschten Nutzen selbst herbeiführen kann, ohne ihn für seine Tat bloßzustellen, dann ist es in jedem Fall verboten, [über das, was er getan hat] zu sprechen.

g. dass er demjenigen, über den er spricht, nicht mehr Schaden zufügt, als er erleiden würde, wenn die Angelegenheit vor einem Beth-din verhandelt würde. [Die Begründung hierfür findet sich weiter unten in den Gesetzen der Rechiluth, Grundsatz 9, wo sie richtig hingehört].

Seif 3. Und all dies gilt nur, wenn derjenige, der ihn sah, besser wäre als er. Wäre er aber ein Sünder wie er, und auch "krank" an solchen Übertretungen wie er, so ist es ihm verboten, ihn zu entlarven. Denn die Absicht eines solchen Menschen, seine verborgenen Dinge zu offenbaren, ist nicht um des Guten und der Furcht [vor dem Herrn] willen, sondern um sich über das Unglück des anderen zu freuen und ihn dafür zu beschämen. Von solchen Dingen wurde schon gesagt [Hoshea 1:4]: "Und ich werde das Blut von Jizre'el über das

Haus Jehus bringen." Denn obwohl Jehu eine Mizwa erfüllte, indem er das Haus Achavs in Jisre'el auslöschte, nachdem ihm dies von einem Propheten befohlen worden war [wofür ihm das Königreich für vier Generationen zugesprochen wurde, wie es geschrieben steht [2. Könige 10:30]: "Weil du dem Hause Achavs getan hast, was in meinem Herzen war, sollen Kinder des vierten Generation nach dir auf dem Thron Israels sitzen"], dennoch wurde das Blut Achavs am Ende über ihn gebracht, denn auch er war ein großer Übeltäter.

Seif 4. Das fünfte Detail, von dem wir oben geschrieben haben, nämlich, dass er einen Nutzen beabsichtigt, werden wir erklären. Das heißt, wenn die Menschen, denen er [die Geschichte] erzählt, demjenigen helfen können, der beraubt wurde oder dem Unrecht getan wurde oder der geschädigt wurde oder der Schande ausgesetzt war, dann ist es sicherlich richtig, dies zu tun [d.h. den Täter zu entlarven]. Und selbst wenn dieser Nutzen nicht durch sein Erzählen entstehen kann, sondern seine Absicht ist, dass die Menschen sich von dem Weg der Schlechtigkeit distanzieren, wenn sie davon hören [denn die Menschen verurteilen die Übeltäter], und vielleicht wird er selbst dadurch seine bösen Wege bereuen und seine Taten korrigieren, wenn er hört, dass andere ihn [den Täter] dafür verurteilen - [Wenn dies seine Motivation ist, Wenn dies seine Motivation ist, dann fällt auch dies nicht in die Kategorie der Lashon Hara und wird als Vorteil betrachtet, da seine Absicht auf jeden Fall nicht darin besteht, Vergnügen aus diesem Makel zu ziehen, den er seinem Freund zuschreibt, sondern nur darin, für die Wahrheit zu eifern, damit vielleicht ein zukünftiger Vorteil daraus entsteht. Wenn er aber davon ausgeht, dass mit Sicherheit kein Nutzen daraus entstehen wird - wie wenn die Leute, denen er es erzählt, auch Menschen der Bosheit sind, dass auch sie schon oft solches Übel an Menschen getan haben und es gar nicht als Sünde betrachten -, dann muss er sich hüten, solchen Leuten gegenüber überhaupt von dieser Sache zu sprechen. Denn abgesehen davon, dass es ihm nichts nützen wird, kann es ihm doch großen Schaden zufügen. Denn sie könnten hingehen und es dem Dieb oder dem Übeltäter oder dem Schamlosen erzählen, und sie würden damit gegen "Du sollst nicht unter deinem Volk schwatzen" verstoßen. Und auch dadurch werden wahrscheinlich große Streitigkeiten entstehen. Und vor allem, wenn dies, G-tt bewahre, zu einer Denunziation führen kann, ist es verboten, etwas zu sagen, selbst wenn alle [oben genannten] Einzelheiten erfüllt sind. Und wisse, dass es in all diesen Einzelheiten keinen Unterschied macht, ob er von dem Beraubten oder dem Geschädigten oder dem Beschämten gebeten wird, [die Ursache für] seinen Schaden oder seine Schande zu "untersuchen", oder ob er nicht gefragt wird. Denn wo es erlaubt ist, ist es erlaubt, auch wenn er nicht gefragt wird. Und wo es verboten ist [d.h. wo alle [obigen] Angaben] nicht erfüllt sind], ist es nicht erlaubt, auch wenn er gefragt würde. Und selbst wenn er sein Verwandter ist, ist es trotzdem verboten. [Viele Menschen gehen dabei in die Irre. Denn wenn sie hören, dass jemand ihrem Verwandten etwas angetan hat, dann gehen sie sofort hin und vergelten ihm [dem Übeltäter] Böses, auch wenn ihnen nicht klar ist, was die Wahrheit ist oder was die Ursache ist, und denken, dass sie damit die Mizwa von [Jesaja 58:7] erfüllen: "Und vor deinem Fleisch sollst du dich nicht verbergen." Dabei unterliegen sie einem großen Irrtum, denn in allen oben genannten Dinim gibt es keinen Unterschied zwischen verwandt und nicht verwandt. Denn "Und vor deinem Fleisch sollst du dich nicht verbergen" wurde nicht gesagt, um einen Issur zu begehen, G-tt bewahre.

Seif 5. Und wenn er jemanden sieht, der Lashon Hara gegen seinen Freund spricht, ist auch dies [d.h. das Sprechen von Lashon Hara] eine der Übertretungen zwischen "dem Menschen und seinem Nächsten". Wenn also alle oben genannten Einzelheiten erfüllt sind, ist es erlaubt, das große Unrecht des Sprechers bekannt zu machen. Und all das nützt nichts [um es zu erlauben], es sei denn, die Sache ist demjenigen, von dem gesprochen wird, bereits zu Ohren gekommen. Wenn aber nicht, darf er es nicht einmal anderen erzählen, denn "dein Freund hat einen Freund usw.", und es muss auch ihm offenbart werden und fällt in die Kategorie der Rechiluth. Wie viel mehr ist es verboten, es demjenigen zu offenbaren, von dem man spricht, selbst wenn seine Motivation Eifer für die Wahrheit ist. Denn das ist absoluter rechiluth, selbst wenn einer aus dem niederen Volk einen der bedeutendsten Männer Israels verspottet, selbst wenn er sein Vater oder sein Lehrer ist.

Seif 6. Und manchmal ist es erlaubt, die Sache anderen mitzuteilen, auch wenn derjenige, über den man spricht, noch nicht davon gehört hat. Zum Beispiel, wenn er sieht, dass es ihm [dem Letzteren] einen absoluten Nutzen bringen wird und dass die oben genannten Einzelheiten nicht fehlen [siehe Be'er Mayim Chayim]. Und ich werde erklären, was ich mit "Nutzen" meine, damit der Leser nicht in einen Irrtum gerät. Denn wenn er die Natur des Erzählers [und die Natur der Geschichte] kennt, wird er, so wie er ihn vor sich selbst herabwürdigt, danach gehen und ihn vor anderen weiter herabwürdigen [vor allem, weil wir erwähnt haben, dass er ihn zuerst zurechtweisen muss, und das hat er getan, und seine Worte wurden nicht angenommen]. Und es ist bekannt, dass wir bei unseren vielen Sünden fast alle in Lashon Hara stolpern, besonders in die Annahme von Lashon Hara, so dass es wahrscheinlich ist, dass seine Lashon Hara angenommen wird und es danach sehr schwierig sein wird, sie aus ihren Ohren zu entfernen, denn "der Erste im Streit hat Recht."

Deshalb ist es gewiss angebracht, dass er zuerst zu diesen Leuten kommt und ihnen das große Unrecht des Schwätzers darlegt und ihnen erzählt, wie er diesen unschuldigen Mann erniedrigt, so dass, wenn der Schwätzer danach zu ihnen kommt und ihnen seine Geschichte erzählt, sie seine Worte nicht annehmen und ihn im Gegenteil ins Gesicht tadeln werden. Und gewiss, wenn er sieht, dass seine Worte nicht angenommen werden und auch ihm Schande und Schmach bringen, wird er sich in Zukunft davor hüten. Das ist gewiss erlaubt, denn er wird dadurch den, über den er spricht, vor Kummer und Schande bewahren, und auch die Seelen des Sprechers und des Annehmers vor dem Din von Gehinnom, und sie [die späteren Zuhörer] werden in ihm [dem Sprecher] auch das positive Gebot der Zurechtweisung erfüllen.

Seif 7. Und nun werden wir das dritte Detail erklären, das wir oben [2b] erwähnt haben, dass er ihn zuerst zurechtweisen muss. Das gilt im Allgemeinen; wenn er aber weiß, dass derjenige sich nicht durch seine Worte züchtigen lässt und seine Zurechtweisung nicht annimmt, braucht er ihn nicht zu tadeln. Aber er muss darauf achten, dass er diese Sache [d.h. das, was er gesehen hat] in Gegenwart von drei Personen erzählt. Die Begründung: Wenn er es in Anwesenheit von einem oder zwei Personen erzählt, sieht es so aus, als ob es seine Absicht war, dass das, was er ihnen erzählt, nicht die Ohren des Angeklagten erreicht, und dass er ihm schmeicheln oder ihn täuschen wollte, weshalb er ihn im Geheimen erniedrigt; und es sieht so aus, als ob er es genießt, Lashon Hara gegen seinen Freund zu sprechen. Ein weiterer Grund: Sie werden ihn verdächtigen und sagen, dass die Sache [d.h. seine Anschuldigung] sicherlich nicht wahr ist und dass er die ganze Sache erfunden hat. Denn warum hätte er es ihm sonst nicht vorher ins Gesicht gesagt? Und wenn dies der Fall wäre, würde das Erzählen der Sache keinen der oben in Abschnitt 4 beschriebenen Vorteile bringen. Deshalb muss die Sache öffentlich gesagt werden, d.h. vor drei Personen. Denn das ist so, als ob er es ihm ins Gesicht sagen würde, und er wird nicht mehr verdächtigt werden. Denn es ist selten, dass ein Mann, der kasher ist, etwas völlig Falsches in der Öffentlichkeit sagt. Und obwohl es den Zuhörern schon jetzt verboten ist, das, was er sagt, stillschweigend zu glauben, so dass der Angeklagte in ihrem Herzen erniedrigt wird, wie oben erklärt [Grundsatz 7, Abschnitt 1], denn es kann sein, dass, obwohl die Geschichte nicht völlig falsch ist, ein einziges Detail fehlt, das das Bild vom Anfang bis zum Ende verändern könnte [weshalb es ihnen verboten ist, die Geschichte stillschweigend zu glauben, zu seinem Nachteil], so soll sie [die Geschichte] doch zu diesem Zweck in ihre Ohren gelangen: daß sie sich verpflichten, nachzuforschen, ob es wahr ist, und den Mann zurechtzuweisen, von dem so viel Schlechtes erzählt wird. Vielleicht wird er ihre Worte beherzigen [zusammen mit anderen "Vorteilen", die in Abschnitt 4 erwähnt werden].

Seif 8. Und das alles, wenn er nicht in Furcht vor dem Mann ist, von dem er spricht; wenn er aber in Furcht vor ihm ist und es in seiner Macht steht, ihn zu verletzen, ist es möglich, dass Nachsicht geübt wird [um ihm zu erlauben], das Unrecht zu erzählen, das er [der Angeklagte] seinem Freund angetan hat, auch nicht vor drei.

Seif 9. Und wenn der Erzähler allen bekannt ist, dass er niemanden fürchtet und dass er alles, was er nicht in Gegenwart seines Freundes sagen würde, ihm ins Gesicht sagt und niemanden fürchtet, und wenn er auch bei seinem Volk als ein Mann gilt, der nur die Wahrheit spricht, dann ist es ihm erlaubt, den Menschen das Unrecht zu erzählen, das er [der Angeklagte] seinem Freund angetan hat, auch nicht in Gegenwart von drei Personen. Denn die Zuhörer werden einen solchen Mann nicht verdächtigen, dass er ein Schmeichler oder ein Lügner ist, sondern dass es ihm nur darum geht, für die Wahrheit zu eifern und dem, dem Unrecht getan wurde, zu helfen und die bösen Taten vor allen zu verurteilen. Aber in diesem und in allem, was wir in Abschnitt 8 geschrieben haben, muss sehr darauf geachtet werden, dass keine der Einzelheiten fehlt, die wir am Anfang des Abschnitts erwähnt haben, denn wir haben von ihnen nur die Einzelheit von "vor drei" weggelassen.

Seif 10. Und wisse weiter, dass der Din des Sprechens von Lashon Hara im Falle einer Sünde "zwischen dem Menschen und seinem Nächsten" und im Falle einer Sünde "zwischen dem Menschen und seinem Schöpfer" derselbe ist, außer dass es bei einer Sünde zwischen dem Menschen und seinem Schöpfer nicht erlaubt ist, [Lashon Hara] gegen ihn zu sprechen, selbst wenn alle oben genannten Einzelheiten in Abschnitt 2 erfüllt wären, es sei denn, er hat gesehen, wie er an dieser Sünde festhielt und sie mehrmals wissentlich beging, und es war allen bekannt, dass es ein issur ist [siehe oben Grundsatz IV, Abschnitt 7, wo wir dies in all seinen Einzelheiten erklärt haben.]

Seif 11. Und wie sehr muss man sich hüten, sich zu erlauben, anderen zu erzählen, dass er mit diesem und jenem Mann ein Geschäft hatte, und dass er ihn beraubt oder ihm auf diese und jene Weise Unrecht getan hat, oder dass er ihn beleidigt oder gekränkt oder beschämt hat und dergleichen. Und [es ist ihm verboten, dies zu erzählen], auch wenn er in sich selbst weiß, dass er in dem, was er sagt, keine Falschheit begeht, und [es ist verboten], auch wenn dem alle anderen Einzelheiten des oben genannten Heter hinzugefügt werden. Denn sicherlich war seine Absicht zum Zeitpunkt des Erzählens nicht zum "Nutzen" - das heißt, den Makel seines Freundes öffentlich zu machen, damit die Übeltäter in den Augen der Menschen beschämt werden, damit sie darauf achten, nicht ihren bösen Wegen nachzueifern, oder damit er selbst sieht, wie die Menschen ihn verschmähen, damit er dadurch seine [eigenen] bösen Wege bereut. Aber seine Absicht ist nur, ihn in den Augen der Menschen zu beschämen, ihn zu einem Gegenstand der Verachtung und Schande vor ihnen zu machen, weil er sein Geld oder seine Ehre "angerührt" hat. Und je mehr er sieht, dass seine Worte von den Zuhörern angenommen werden und dass er dadurch in ihren Augen zu einem Gegenstand des Widerwillens und der Schande wird, desto mehr freut er sich und findet Gefallen daran.

Seif 12. Wie viel mehr [ist es ihm verboten, es zu erzählen], wenn er ihm nichts [aktiv] Unrechtes getan hat, sondern ihm keine Wohltaten gewährt hat, die er ihm [in seinen Augen] in Form von Darlehen oder Wohltätigkeit oder Gastfreundschaft und dergleichen hätte gewähren sollen. Wenn er dies nachher anderen erzählt, um diesen Mann dadurch zu erniedrigen, ist dies nach dem Din absolutes Lashon Hara, wie wir oben geschrieben haben [Grundsatz V, Abschnitt 1]; und er übertritt damit auch mehrere andere negative Gebote neben dem issur von Lashon Hara, wie wir im oben genannten Grundsatz erklärt haben. Und in unseren vielen Sünden verirren sich viele darin, wie wir in der Praxis sehen - dass, wenn jemand in einer Stadt nicht so gnädig aufgenommen wird, wie er es gerne hätte, er dann, wenn er später in eine andere Stadt reist, die prominenten Männer der ersten Stadt herabwürdigend anpreist, weil sie ihm in seinen Angelegenheiten nicht geholfen haben. Wie viel mehr ist seine Sünde ungeheuerlich, wenn er deswegen die ganze Stadt im Allgemeinen verleumdet! Denn die issur von Lashon Hara, selbst wenn sie wahr ist, wie wir oben geschrieben haben, besteht auch dann, wenn er gegen einen einzigen Mann spricht; wie viel mehr, wenn er gegen eine ganze Stadt in Israel spricht, die fest im Glauben an den HERRN ist, ist diese Sünde eine schwere.

Seif 13. Aber trotzdem scheint es mir, dass, wenn er annimmt, dass dadurch, dass er anderen erzählt, wie Ploni ihm in Geldangelegenheiten oder ähnlichem Unrecht getan hat, ein zukünftiger Nutzen entstehen kann, wie wenn er Leuten erzählt, deren Worte von ihm [dem Angeklagten] beachtet würden, wenn sie ihn tadeln würden, und dadurch würde er ihm vielleicht den Diebstahl zurückgeben oder den Schaden [reparieren] und ähnliches - [wenn er dies annimmt,] ist es ihm erlaubt, es ihnen zu erzählen und ihre Hilfe dabei zu erbitten. Und manchmal kann ein zukünftiger Nutzen entstehen, auch wenn die Gegenleistung nicht Geld ist, sondern Schmerz, Schande, verbale Beleidigung und dergleichen. Zum Beispiel, wenn ihm klar wird, dass Ploni plant, ihn für eine bestimmte Sache zu verleumden. Wenn er dies prominenten Männern oder den Verwandten von Ploni erzählt und ihnen die Wahrheit der Angelegenheit erklärt, so dass sie selbst sehen können, dass der Din mit ihm ist, werden sie ihn vielleicht davon abhalten. Oder auch, wenn es sich um etwas handelt, das bereits vergangen ist, weil Ploni ihn bereits verleumdet hat; er aber annimmt, dass er, wenn er nicht mit seinen Verwandten oder prominenten Männern darüber spricht, um ihn zu stoppen, wieder kommen wird, um ihn zu verleumden - in allen solchen und ähnlichen Fällen ist es ihm erlaubt, dies anderen zu erzählen, auch wenn er dadurch seinen Freund vor den Zuhörern beschämt. Denn dies [ihn zu beschämen] ist nicht die Absicht des Sprechers, sondern nur, um sich vor finanziellem Verlust, Schmerz oder Schande zu schützen.

Seif 14. Doch wie sehr muss man darauf achten, dass alle oben genannten Bedingungen nicht fehlen. Denn wenn er nicht besonders vorsichtig ist, kann er leicht in die Schlinge der bösen Neigung fallen und mittels dieses Heter zu einem der "Menschen der Lashon Hara" im Sinne der Tora werden. Und deshalb will ich hier ausdrücklich alle genannten Bedingungen etwas erweitert wiederholen. Zusammengefasst: Nachdem er weiß, dass sein Freund diese Sache noch nicht bereut hat, und dass seine [eigene] Absicht "Nutzen" ist, wie wir erklärt haben, ist es erlaubt, es zu sagen - aber nur, wenn die folgenden Bedingungen nicht fehlen:

Bedingung A - dass er die Sache selbst sieht und nicht nur von anderen davon hört. Denn auch wenn er in Wahrheit einen Schaden erlitten hat, wer weiß schon, ob er [der

Beschuldigte] derjenige ist, der ihn verursacht hat?

Bedingung B - darauf zu achten, dass man nicht sofort zu dem Schluss kommt, dass das, was passiert ist, in die Kategorie des Diebstahls, der Beschädigung, der verbalen Beleidigung, der Schande oder dergleichen fällt; sondern von Anfang an auf den Wegen der Tora gut herauszufinden, ob der Din mit ihm ist, und dass der Beschuldigte tatsächlich der Räuber oder der Beschädiger oder der Schamlose oder dergleichen ist. Und vielleicht ist dieses Detail schwieriger zu verstehen als alles andere. Denn "der Mensch sieht die Schuld nicht bei sich selbst", und "alle Wege des Menschen sind gerecht in seinen Augen". Und wenn er dabei in die Irre geht, findet er sich in der Kategorie des motzi shem ra [des Verbreiters einer Falschmeldung] wieder, was schwerwiegender ist als der issur von Lashon Hara.

Bedingung C - Wenn er annimmt, dass eine Anfechtung mit dem Beschuldigten selbst von Nutzen sein könnte, muss er mit ihm sprechen, bevor er die Angelegenheit öffentlich macht.

Bedingung D - Er muss in jedem Fall besonders darauf achten, dass die ganze Geschichte wahr ist, ohne jede Beimischung von Unwahrheit, und dass er das Unrecht nicht übertreibt - das heißt, er darf in der Geschichte kein kleines Detail auslassen, das seiner Meinung nach für seinen Freund spricht. Auch wenn dies nicht zur Rechtfertigung seines

Freundes beiträgt - wenn die Zuhörer dieses Detail zu seinen Gunsten wüssten, würde er vor ihnen nicht so sehr erniedrigt werden, und wenn sie es nicht wüssten, würde er vor ihnen sehr erniedrigt werden, wäre es eine große issur, dieses Detail wegzulassen. Zusammengefasst: Er darf das Unrecht nicht über das hinaus übertreiben, was es ist; und wenn er das tut, fällt er in die Kategorie eines Sprechers von Lashon Hara und verstößt gegen mehrere der in den Einleitungen genannten issurim.

Bedingung E - Er muss einen "Nutzen" beabsichtigen. Dies ist das Prinzip, um das sich diese ganze Heter dreht [siehe Abschnitt 13].

Bedingung F - Wenn er diesen Nutzen auf eine andere Weise realisieren kann, wobei er nicht gezwungen ist, über ihn zu sprechen, dann ist es in jedem Fall verboten, [die Geschichte] zu erzählen. Aber selbst wenn er gezwungen ist, die Geschichte zu erzählen, aber er kann das Unrecht abmildern, so dass er [der Angeklagte] vor den Zuhörern nicht so stark erniedrigt wird und der erhoffte Nutzen, der sich aus seiner Geschichte ergibt, dadurch nicht geschmälert wird, ist es eine Mitzwa für ihn, sie abzumildern und nicht seine ganze Schande vor den Zuhörern zu enthüllen, da er auch ohne dies den [erhofften] Nutzen erlangen wird.

Bedingung G - Er soll ihm durch seine Geschichte nicht mehr Schaden zufügen, als er erleiden würde, wenn sie [d.h. die Zeugen] gegen ihn auf diese Weise in beth-din aussagen würden.

Seif 15. Und nun sieh, mein Bruder, wie viel großes Urteilsvermögen er braucht, um zu entscheiden, auf welche Weise er die Geschichte erzählen soll. Denn während er spricht, steht er in großer Gefahr, das Issur des Sprechens von Lashon Hara [zu übertreten], wenn er sich nicht hütet, alle Bedingungen zu erfüllen, insbesondere II und IV. Und es ist offensichtlich, dass wir darüber sagen können [Mischlei 18:21]: "Tod und Leben sind in der Hand der Zunge." Und wenn er sich nicht mit sich selbst berät, bevor er zu sprechen beginnt, wie er dies ausdrücken soll, wird er sicherlich scheitern, G-tt bewahre. Denn zum Zeitpunkt [des Sprechens] verstärkt sich die Kraft des Zorns in einem Menschen, und es ist unmöglich, dies zu verhindern. Deshalb muss er sehr darauf achten, dass er sich vor dem Sprechen berät, wie er das, was er zu sagen hat, ausdrücken soll, dass er das Unrecht nicht über das hinaus vergrößert, was es ist, und dass er nur den "Nutzen" im Sinn hat, wie wir im dreizehnten Abschnitt geschrieben haben.

Seif 16. Und aus all dem, was wir geschrieben haben, können wir die Größe des Fehlers erkennen, in den Menschen immer wieder verwickelt werden: Wenn wir jemanden sehen, der in Abwesenheit seines Freundes Lashon Hara gegen ihn spricht und ihn herabwürdigt - wenn du ihn fragst: "Warum sprichst du Lashon Hara?", wird er sofort antworten: "Weil auch er vor diesem und jenem Mann gegen mich gesprochen hat." Das ist aus zwei Gründen ein großer Irrtum. Erstens, derjenige, der dir das gesagt hat, darf nach der Tora nicht geglaubt werden, weil er rechiluth akzeptiert, wie wir schon oft geschrieben haben - wie ist es dann erlaubt, dass du hingehst und deswegen über ihn sprichst? Und zweitens, selbst wenn die Sache wahr wäre, dass er über dich gesprochen hat, ist es immer noch verboten, deswegen Lashon Hara gegen ihn zu sprechen, wie wir in Abschnitt 11 oben geschrieben haben.

Seif 17. Wenn etwas Unrechtes getan wurde und Schimon von Reuven gefragt wird: "Wer hat das getan?", darf er, auch wenn er weiß, dass Reuven ihn dessen verdächtigt, nicht sagen, wer es getan hat, auch wenn er es selbst gesehen hat. Aber er sollte antworten: "Ich habe die Sache nicht getan" [es sei denn, es handelt sich um eine Sache, die er ihm, auch wenn er nicht gefragt und überhaupt nicht verdächtigt würde, dennoch erzählen müsste, wie bei einem Vorfall zwischen einem Menschen und seinem Nächsten, bei dem alle [sieben] Bedingungen erfüllt waren, oder bei einem zwischen einem Menschen und seinem Schöpfer, bei dem die Bedingungen erfüllt waren, von denen wir oben in Grundsatz IV, Abschnitte 5, 7 und 8 geschrieben haben]. Und all das, was wir geschrieben haben, entspricht dem Din, aber es ziemt sich für jeden geistigen Menschen, das zu tun, was über den

Buchstaben des Gesetzes hinausgeht, und sich nicht aus der Verwicklung zu entfernen, wenn die Möglichkeit besteht, dass es dem Fragenden [der die Sache getan hat] bekannt wird, und er [der Handelnde] deswegen beschämt wird. Darüber hinaus finden wir im Sanhedrin [11a], dass mehrere Tannaim die Schuld auf sich nahmen, damit nicht bekannt wurde, wer der [eigentliche] Sünder war. Und so finden wir in Sefer Chassidim 22: "Und wenn er sich in der Gesellschaft von Menschen befindet und etwas Falsches getan hat, und es ist nicht bekannt, wer der Sünder ist, soll er sagen: 'Ich bin der Sünder', auch wenn er nicht gesündigt hat."

Zweiter Teil

Das Verbot der Rechilut

Grundsatz 1

Einleitende Bemerkung

In diesem Grundsatz wird die Issur erklärt, rechiluth zu sprechen, selbst wenn es absolut wahr ist, was "rechiluth" genannt wird, was man antworten soll, wenn man gefragt wird "Was hat Ploni über mich gesagt?" und alle anderen Details der Issur.

Seif 1. Wer über seinen Freund schwatzt, verstößt gegen das negative Gebot von [Vayikra 19:16]: "Du sollst nicht schwatzen unter deinem Volk." Es ist eine große Sünde und führt zur Tötung vieler Seelen in Israel, weswegen darauf folgt: "Du sollst nicht zum Blut deines Nächsten stehen." [vgl. Rambam, Hilchoth Deoth 8]. Schau dir an, was aus der Rechiluth von Doeg, dem Edomiter, resultierte [vgl. I Samuel 21], durch die die gesamte Stadt Nov, die Stadt der Cohanim, ausgelöscht wurde. Und dieses negative Gebot, das wir angeführt haben, ist von der Tora ausdrücklich für diesen Issur geschrieben worden. Aber abgesehen davon gibt es viele andere [relevante] negative und positive Gebote, wie oben in der Einleitung erklärt.

Seif 2. Was ist "Schwatzhaftigkeit" [rachil]? Dinge von einem zum anderen weitergeben und sagen: "Das und das hat Ploni über dich gesagt. Das hat Ploni dir angetan. Dies und das habe ich gehört, was er dir angetan hat oder antun will." Auch wenn dies für denjenigen, über den gesprochen wird, nicht erniedrigend sein mag, auch nicht nach den Worten des Schwätzers, und [auch] wenn er selbst [[derjenige, über den gesprochen wird]] gefragt würde, würde er es nicht leugnen - entweder weil die Wahrheit und das Recht bei ihm ist - oder weil er etwas anderes [als das, was angenommen wird] mit diesen Taten oder Worten beabsichtigt hat -, so wird er doch ein "Schwätzer" genannt."

Seif 3. Und wisse, dass der Issur der Rechiluth auch dann gilt, wenn der Sprecher mit seiner Rechiluth nicht beabsichtigt, Hass gegen denjenigen [der die Rechiluth veranlasst hat] in sein [des Zuhörers] Herz einzupflanzen, und selbst wenn er [der Sprecher] der Meinung ist, dass derjenige, der etwas gegen ihn gesagt oder getan hat, Recht hatte - wie damals, als Schimon Reuven für das, was er zu ihm gesagt oder getan hat, tadelte, und Reuven sich rechtfertigt, indem er sagt, dass der Din mit ihm war, denn Jehuda sagte dasselbe über ihn [Schimon] - dennoch, wenn er [Reuven] glaubt, dass dadurch im Herzen Schimons Hass gegen Jehuda geweckt wird, wird er ein Schwätzer genannt.

Seif 4. Alles, was wir darüber gesagt haben,

dass [Rechiluth] verboten ist, gilt auch dann, wenn sie [die Geschichte] absolut wahr ist und keine Beimischung von Falschheit enthält. Und nicht nur dann, wenn sie sich von Anfang an geliebt haben und er [der Sprecher] hingeht und eine Geschichte von dem einen gegen den anderen erzählt, wird er "böse" und "ein Gräuel vor dem Herrn" genannt, nämlich [Mischlei 6:16, 19]: "Diese sechs sind dem Herrn verhasst, und der siebte ist ein Gräuel für seine Seele ... und der Anstifter zum Streit unter Brüdern", worüber Chazal gesagt haben [Vayikra Rabba, Metzora 16:61]: "Dieses siebte ['der Aufwiegler des Streits'] ist das schwerste von allen." Aber selbst wenn sie in Abwesenheit dieses [rechiluth] großen Hass gegeneinander hegten, und dieser [der Sprecher] ging und trug die Geschichte vor, wird er "ein Erzähler" genannt.

Seif 5. Es gibt keinen Unterschied in der issur des Sprechens von rechiluth, ob er ihm [die ganze Geschichte] aus eigenem Antrieb erzählt hat oder ob sein Freund ein wenig von selbst verstanden hat und ihn angefleht hat, ihm zu erzählen, was Ploni vor ihm über ihn gesagt hat. Und selbst wenn sein Vater oder Rabbi ihn angefleht hat, ihnen zu erzählen, was Ploni über sie gesagt hat, und selbst wenn es nur der "Staub" des rechiluth ist, ist es in jedem Fall verboten.

Seif 6. Und selbst wenn er sieht, dass er dadurch, dass er es nicht offenbart, großen Schaden in seinen Angelegenheiten erleiden wird, da er unter der Autorität anderer steht, die, wenn sie [einen Teil] der Sache verstehen, sich gegen ihn erheben werden [um ihn zu zwingen], [alles] zu offenbaren, und er fürchtet, der Kollusion mit Ploni verdächtigt zu werden und aus seiner Stellung entlassen zu werden und nicht in der Lage zu sein, für den Lebensunterhalt seiner Familie zu sorgen - dennoch ist es verboten [rechiluth zu sprechen], wie im Falle aller anderen negativen Gebote, wo er alles aufgeben muss, was er hat, anstatt sie zu übertreten [nämlich. Yoreh Deah 157:1], es sei denn, die Offenbarung könnte den Schaden beseitigen oder den Streit beenden. Aber man darf sich nicht voreilig auf diesen Heter verlassen, denn er bringt viele Einschränkungen mit sich, wie wir weiter unten in Grundsatz 9 ausführlich erklären werden, wenn der Herr es will.

Seif 7. Und vor allem, wenn er durch das Verschweigen der Geschichte keinen finanziellen Verlust erleidet, sondern nur Verfluchung und Beschimpfung, ist es sicherlich verboten [sie zu erzählen], und er braucht dies überhaupt nicht zur Kenntnis zu nehmen, da er in seiner Seele weiß, dass er dadurch zu den Liebhabern des Gesegneten Herrn gezählt wird und sein Gesicht wie das Licht der Sonne leuchten wird, wie Chazal gesagt hat [Yoma 23a]: "Diejenigen, die beschämt werden und sich nicht schämen, die sich beschimpfen lassen und nicht antworten, usw." - Über sie schreibt die Schrift [Richter

5:31]: "...und seine Geliebten, wie der Aufgang der Sonne in ihrer Macht" - wie viel mehr derjenige, der für die Mitzvoth des Herrn Demütigung erleidet. [vgl. Hilchoth Lashon Hara, Grundsatz I, Abschnitt 6.]

Seif 8. Was die Antwort angeht, wenn man ihn fragt: "Was hat Ploni über mich gesagt?", hängt dies von Folgendem ab: Wenn er ihm so antworten kann, dass das, was er sagt, weder absolute Unwahrheit noch Rechiluth ist, soll er ihm so antworten und nicht die Unwahrheit sagen. Wenn er aber versteht, dass sein Freund dies nicht als Antwort auffassen wird, ist es ihm erlaubt, um des Friedens willen die absolute Unwahrheit zu sagen. Aber er darf nicht falsch darauf schwören, G-tt bewahre [siehe Be'er Mayim Chayim].

Seif 9. Und wisse, dass, wenn er den Namen des Mannes, der rechiluth gegen ihn gesprochen hat, nicht ausdrücklich erwähnt, sondern nur allgemein spricht, und ihm danach der Name dieses Mannes bekannt wird [[derjenige, über den die Geschichte erzählt wird]], oder die Einzelheiten dessen, was über ihn gesagt wurde - oder wenn er selbst wusste, was ihm angetan wurde, aber nicht wusste, wer es getan hat oder wer gegen ihn gesprochen hat, und dieser Verkäufer von rechiluth kam und ihm durch Zeichen zeigte, wer es war - auch dies ist verboten.

Seif 10. Und es ist auch verboten, rechiluth durch Täuschung zu sprechen. Wie wenn man weiß, dass ein anderer seinem Freund in der

Vergangenheit Schaden oder Schande zugefügt hat, und sie sich darüber gestritten haben, und er nun den alten Streit wieder anfachen will, ohne dass er [der Freund] dies [seine Absicht, den Streit anzufachen] erkennt, er es mit seinen "schlüpfrigen Lippen" schafft, ihn [den Freund] an den Schaden oder die Schande zu erinnern, die ihm der andere in der Vergangenheit zugefügt hat, indem er ihm den Eindruck vermittelt, dass er ganz unschuldig redet, ohne zu wissen, wer ihm das angetan hat, wobei der Freund sich von selbst daran erinnert, wer es war - all das und Ähnliches ist ein absoluter Issur.

Seif 11. Und wisse weiter, dass es keinen Unterschied in der issur von rechiluth gibt, ob er ausdrücklich sagt, was jemand ihm angetan oder über ihn gesagt hat, oder ob er es schriftlich festhält. Und es ist dasselbe, ob er ihm sagt, dass jemand ihn persönlich erniedrigt hat oder dass er seine Waren erniedrigt hat, da er dadurch [[alle Arten]] Hass gegen ihn in sein Herz injiziert.

Grundsatz 2

Einleitende Bemerkung

In diesem Grundsatz wird der Din des Rechiluth in Anwesenheit von drei [apeitelata] und andere Details erklärt. Es enthält vier Abschnitte.

Seif 1. Es ist verboten, rechiluth zu sprechen,

sogar in der Gegenwart von einem; um so mehr, in der Gegenwart von vielen.

Seif 2. Sogar der "Staub" von rechiluth [d.h. Grundsatz 8] ist verboten, in allen Fällen gesprochen zu werden, selbst wenn das, was er sagt, dass Ploni über den anderen gesprochen hat, auf zwei Arten verstanden werden kann. Wenn er es in einer Weise sagt, die darauf hindeutet, dass es Plonis Absicht war, ihn zu erniedrigen, ist es sicherlich in allen Fällen verboten [es zu erwähnen]. Und selbst wenn die Art und Weise, wie er es ausdrückt, eher zu der anderen Interpretation seiner Worte tendiert, dass die Absicht von Ploni nicht darin bestand, ihn zu erniedrigen, so ist es dennoch verboten, wenn er wusste, dass derjenige, über den er spricht, ein Nirgan [ein "Nörgler"] ist [einer, der seinen Freund immer in der Waagschale der Schuld beurteilt und von allem, was sein Freund tut oder spricht, sagt, dass seine Absicht nur darin besteht, ihm zu widersprechen [d.h.. Sha'arei Teshuvah 231]]; oder wenn es darüber hinaus ein gewisses Maß an Hass zwischen ihnen aus der Vergangenheit gibt, und ein solcher Mann nur einen Vorwand gegen seinen Freund sucht, ist es verboten, dies in irgendeinem Fall zu erwähnen.

Seif 3. Es gibt einige, die sagen, dass, wenn man vor drei Jahren herabsetzend über seinen Freund gesprochen hat, [der Issur der] Rechiluth nicht mehr gilt, wenn sie zurückgehen und zu ihm sagen: "Ploni hat dies und jenes rechiluth gegen dich gesagt", weil es etwas ist, das am Ende aufgedeckt werden muss, denn "dein Freund hat einen Freund", und die Tora hat dies nicht wegen rechiluth verboten. Dabei sind aber die Einschränkungen zu beachten, die in Hilchoth Lashon Hara, Grundsatz 2, Abschnitt 4 und weiter erläutert wurden. In der Praxis darf man sich aber nicht auf diese Meinung verlassen. Denn der Maharschal schreibt in seinem Kommentar zum Semag, dass viele der Rischonim diese Meinung bestreiten und es sogar verbieten, sie einem anderen mitzuteilen, wenn dieser die Absicht hat, sie zu offenbaren, und zwar diesem [dem Angesprochenen] selbst.

Seif 4. Und wenn jemand seinen Geschäftspartner verlassen wollte, weil er dachte, dass andere sich mit ihm zusammentun würden, und dies am Ende nicht eintrat [wie auch ein Bräutigam aus seinem Schidduch], dann ist es verboten, diese [Absicht] seinem ersten Partner zu offenbaren, auch wenn die Angelegenheit vor drei oder mehr Personen verhandelt worden war, wie wir in Abschnitt 3 geschrieben haben. Denn sicherlich wird er [der erste Partner] seinem Partner vorwerfen, dass er ihn verlassen will, wie es geschrieben steht [Richter 11:7]: "Und warum kommst du jetzt zu mir [Jiftach], wenn du in Not bist?" Und das könnte ein Grund für die Auflösung ihrer Partnerschaft sein oder dafür, dass der erste den zweiten in Bedrängnis bringt, wie der Rambam schreibt [Hilchoth Deoth 7:5]: "Und wenn einer dem anderen Dinge erzählt ..., die dazu führen, dass sein Freund an seinem Körper oder an seinem Besitz Schaden nimmt oder in Bedrängnis oder Angst gerät, so ist das Lashon Hara."

Grundsatz 3

Einleitende Bemerkung

In diesem Grundsatz wird erklärt, dass die issur von rechiluth sowohl in seiner [des betreffenden] Gegenwart als auch in seiner Abwesenheit gilt. Es enthält vier Abschnitte.
Seif 1. Es ist verboten, rechiluth zu sprechen, auch wenn es absolut wahr ist, ohne Beimischung von Falschheit, auch wenn es nicht vor ihm [dem Objekt der rechiluth] ist, und auch wenn er in sich selbst weiß, dass er es sogar zu seinem Gesicht sagen würde; und es wird "rechiluth" genannt. Noch viel mehr ist es verboten, wenn er die Kühnheit hat, ihm ins Gesicht zu sagen: Du hast dieses und jenes gegen ihn gesagt oder getan. Seine Sünde ist viel größer [wenn er es ihm ins Gesicht sagt]. Erstens, weil er, indem er es ihm ins Gesicht sagt, dem Angeklagten großen Hass gegen ihn ins Herz einflößt. Denn nun wird es von ihm als absolute Wahrheit akzeptiert werden, indem er sagen wird: "Wenn es nicht absolut wahr wäre, würde er es nicht wagen, ihm das ins Gesicht zu sagen." Und außerdem bringt er sich selbst und die beiden dazu, durch solche Rechiluth mehrere ausdrückliche negative und

positive Gebote in der Tora zu übertreten [siehe die Einleitung, Negative Gebote, Grundsatz 16, und die Anmerkung dazu].

Seif 2. Wenn Reuven vor Levi gegen Schimon sprach und Levi ging und dies Schimon erzählte, ist es für Schimon verboten, danach zu Reuven zu sagen: "Wie hast du vor Levi gegen mich gesprochen!" Denn damit verstößt er [Schimon] auch gegen das Verbot der Rechilut wegen [seiner Erwähnung von] Levi, auch wenn er Levis Namen nicht ausdrücklich erwähnt, sondern einfach sagt [zu Reuven]" "Ich habe gehört, dass du dies und das über mich gesagt hast" - Wenn Reuven dadurch natürlich verstehen wird, wer es ihm offenbart hat, ist es verboten. Und in unseren vielen Sünden verirren sich viele in diese Richtung.

Seif 3. Und wisse auch, dass es rechiluth genannt wird, auch wenn er es nicht vor demjenigen gesagt hat, den es betrifft, wie wenn man zu seinem Freund sagt: "So und so habe ich über Reuven gehört, was er über Schimon gesagt hat." Denn diese Worte führen, wenn sie einer vom anderen hört, zu Streit zwischen Reuven, dem Sprecher, und dem, über den gesprochen wurde.

Und man muss sich hüten, von solchen Dingen zu sprechen. Denn selbst wenn er seinen Freund warnen will, diese Geschichte niemandem zu erzählen, selbst wenn er sicher weiß, dass er sein Wort erfüllen wird, [ist es verboten], denn in den meisten Fällen hört man zur Zeit des Erzählens etwas Herabsetzendes über Reuven oder über Schimon, und es verlässt nicht die Kategorie von Lashon Hara. Und noch viel mehr ist es verboten, ihm zu sagen, was Ploni gegen seine Söhne oder Verwandten gesagt hat, denn es liegt in der Natur des Menschen, sich dadurch gekränkt zu fühlen; und das wird "rechiluth" genannt.

Seif 4. Und wenn es seine Absicht war, dies seinem Freund mitzuteilen, um ihn dazu zu bringen, Reuven dafür zu tadeln, dass er Lashon Hara gegen Schimon gesprochen hat, siehe oben, Erster Teil, Grundsatz 10, Abschnitt 6.

Grundsatz 4

Einleitende Bemerkung

In diesem Grundsatz wird der Din von rechiluth in einem Fall erklärt, wo die Sache selbst ihm ohne die Erzählung bekannt ist, und wie man diese Sünde korrigiert.

Seif 1. Die issur der rechiluth besteht auch dann, wenn er ihm nichts Neues offenbart, er selbst aber weiß, dass Ploni so und so über ihn gesprochen hat oder dass er dies und das getan hat, was ihn betroffen hat; aber er hat noch nicht darüber nachgedacht, ob Ploni ihm damit Unrecht getan hat, und dieser Erzähler erinnert ihn daran. [Wie wenn Reuven [das Gericht] verließ, der für das Urteil verantwortlich war, und Schimon ihn traf und ihn fragte: "Was ist mit deinem Fall geschehen?" Und Reuven antwortete: "Ich wurde für dieses und jenes verurteilt", worauf Schimon sagte: "Sie haben dich nicht richtig beurteilt" und so weiter]. Dennoch wird dies rechiluth genannt, denn durch sein Sprechen wird eine neue Perspektive geschaffen, die dazu führt, dass sich in seinem Herzen Hass gegen Ploni einnistet.

Seif 2. Wenn Reuven Schimon vor zwei erniedrigt, und einer von ihnen das Issur der Rechiluth übertritt und die Sache Schimon offenbart, so soll sich der zweite dennoch hüten, sie Schimon zu offenbaren; um so mehr, wenn er die Erzählung "erzwingt", und er wird deswegen ein Schwätzer genannt. Und nicht nur [ist es verboten], wenn er von Schimon erfährt, dass er noch Zweifel an der [Wahrhaftigkeit] der Sache hat [wie wenn Schimon ihn fragt: "Ist es wahr, was dein Freund mir erzählt hat, dass Reuven mich vor dir erniedrigt hat?"], in diesem Fall ist es gewiss verboten, es ihm zu sagen; aber auch ohne dies sollte er es ihm nicht sagen, denn durch seine Worte verstärkt er Schimons Hass gegen Reuven, wobei die Geschichte stärker betont wird, wenn er sie von zwei hört, als wenn er sie nur von einem hört. Und manchmal werden sie [Reuven und Schimon] wegen dieses zweiten, der den Rechiluth wieder erregt, in Streit geraten.

Seif 3. Und wenn er eine Übertretung begangen und gegen seinen Freund rechiluth geredet hat und seine Sünde bereut hat, gibt es für ihn keine

Besserung, bis er ihn um Vergebung bittet und ihn versöhnt. Und er muss auch bei seinem Schöpfer bereuen, dass er gegen das Gebot "Du sollst nicht schwatzhaft unter deinem Volk gehen" verstoßen hat. Und alle Einzelheiten seines Din sind die gleichen wie im Fall von Lashon Hara [siehe oben, Teil 1, Grundsatz 4, Abschnitt 2, und das Be'er Mayim Chayim].

Grundsatz 5

Einleitende Bemerkung

In diesem Grundsatz wird der Issur des Annehmens von Rechiluth und des Anhörens in all seinen Einzelheiten erklärt. Und auch, wie man diese Sünde sühnt, wenn man sie übertritt. Es enthält sieben Abschnitte.

Seif 1. Genauso wie es nach der Tora verboten ist, Lashon Hara anzunehmen, ist es nach der Tora verboten, Rechiluth anzunehmen, da auch sie in die Kategorie von Lashon Hara fällt. Das heißt, er darf nicht in seinem Herzen glauben, dass das, was ihm gesagt wurde, was Ploni ihm angetan oder über ihn gesagt hat, wahr ist. Und der Annehmende verstößt [Schemot 23:1]: "Du sollst nicht falsches Zeugnis ablegen", abgesehen von den anderen negativen und positiven Geboten, die damit verbunden sind, wie oben in der Einleitung erklärt. Und Chazal haben gesagt [Arachin 15b]: "Lashon Hara tötet drei: den Sprecher, den Annehmenden und den, über den es gesagt wurde" [wie wir aus der Episode von Doeg wissen, der aus der kommenden Welt verbannt wurde, weil er Rechiluth [gesprochen] hatte; und Nov wurde die Stadt Cohanim wegen der Rechiluth, die über sie gesprochen wurde, ausgelöscht; und Saul wurde danach getötet, weil er die Rechiluth angenommen hatte]. Und der Annehmende ist schlimmer als der Sprechende. Und Chazal haben gesagt [Pesachim 118a], dass jemand, der Lashon Hara spricht oder Lashon Hara annimmt, den Hunden zum Fraß vorgeworfen werden soll, denn es steht geschrieben: "Du sollst kein falsches Zeugnis geben", und davor steht: "Du sollst es den Hunden vorwerfen."

Seif 2. Und auch für das Zuhören von rechiluth allein gibt es eine große issur, wie im Fall von Lashon Hara [siehe Teil 1, Grundsatz 6, Abschnitt 2], selbst wenn er zum Zeitpunkt des Zuhörens noch nicht entschieden hat, ob er glaubt oder nicht. Aber in jedem Fall ist die issur der Annahme strenger als die des Zuhörens. Denn was das Zuhören betrifft, wenn er von Anfang an versteht, dass das Wissen um diese Sache ihn in der Zukunft beeinflussen wird, wenn sie wahr ist, wie wenn er sieht, dass sein Freund ihm sagen will, dass Ploni ihm an seinem Körper oder an seinem Besitz Schaden zufügen will, und ähnliches, ist es sicherlich erlaubt, am Anfang zuzuhören, um zu wissen, wie man sich vor ihm in Acht nehmen und schützen kann. Aber es kategorisch zu akzeptieren, ist von der Tora in allen Fällen verboten, und [es ist erlaubt] nur zu vermuten, um sich vor ihm zu schützen, wie Chazal über Lashon Hara gesagt haben, dass man es zwar nicht akzeptieren, aber vermuten soll. [Und siehe oben, Hilchoth Issurei Lashon Hara, Grundsatz 6, darüber, wie man sich in Bezug auf das Zuhören verhalten soll, um die Verpflichtung des Himmels in Bezug auf das Zuhören zu erfüllen. Der Din ist hier derselbe.]

Seif 3. Und wenn er in seinem Freund Anzeichen dafür sieht, dass er ihm an seinem Körper oder an seinem Besitz Schaden zufügen will, auch wenn er bis zu diesem Zeitpunkt von niemandem etwas davon gehört hat, ist es ihm erlaubt, sich bei anderen zu erkundigen, ob er ihm in dieser und jener Sache Schaden zufügen will, um zu wissen, wie er sich vor ihm schützen kann. Und er braucht nicht zu befürchten, dass er dadurch die Leute veranlasst, abwertend über diesen Mann zu sprechen.

Seif 4. Und wissen Sie außerdem, dass alle Grundsätze, über die wir oben im ersten Teil, Grundsatz 6, über Lashon Hara, über das Verdächtigen, geschrieben haben, hier im Bereich der rechiluth gelten. Deshalb muss man sehr vorsichtig sein, wenn man hört, dass jemand über ihn gesprochen hat oder ihm dies und das angetan hat oder ihm dies und das antun will, es nicht zu glauben, sondern nur zu verdächtigen; das heißt, sich vor ihm zu hüten. Und zwar nicht im Zweifel, denn wir gehen davon aus, dass ein Mensch in einem kaschrutischen Zustand ist und dass er ihm aller Wahrscheinlichkeit nach keinen Schaden zugefügt oder ihn erniedrigt hat. Es ist daher verboten, etwas gegen ihn zu tun oder ihm deswegen irgendeinen Schaden oder Schande zuzufügen, ob groß oder klein. Und es ist sogar verboten, ihn in seinem Herzen zu hassen, wie es in der Tora heißt. Wie viel mehr [ist es verboten], sich wegen der Rechiluth nicht von irgendeiner Verpflichtung zu befreien, die man dem Verdächtigen gegenüber hat. Und er ist immer noch verpflichtet, ihm alle Vorteile zu gewähren, die die Tora den anderen Menschen in Israel gebietet. Denn sein Wert hat sich dadurch in unseren Augen in keiner Weise vermindert. Und als allgemeine Regel haben die Poskim geschrieben, dass es nicht erlaubt ist, jemanden zu verdächtigen, es sei denn, es geht um seine zukünftige Sicherheit, damit er nicht wegen ihm zu Schaden kommt. Aber in allen anderen Bereichen ist es verboten, überhaupt zu verdächtigen.

Seif 5. Und daran sehen Sie, wie töricht die vielen Menschen sind

viele Menschen, deren Natur es ist, ihre Freunde immer zu fragen, was andere über sie gesagt haben, auch wenn sie wissen, dass dies für sie in der Zukunft keinen Unterschied macht. Und wenn sie es nicht preisgeben wollen, beschwören sie sie, bis sie preisgeben, was Ploni über sie gesagt hat. Und in ihrer Antwort stehen dann einige erniedrigende Dinge, die über sie gesagt wurden. Und sie akzeptieren diesen Bericht als die absolute Wahrheit - und werden dadurch zu absoluten Hassern. Wenn wir nun die Größe des Schadens abwägen und die Anzahl der negativen und positiven Gebote zählen, die von einem Menschen mit dieser erniedrigenden Natur übertreten werden können, ist das Blatt zu kurz, um sie zu enthalten [siehe die Einleitung und Sie werden unsere Worte verstehen]. Denn in Wahrheit besteht der Issur der Annahme von Lashon Hara und rechiluth auch dann, wenn man ihm aus eigenem Antrieb etwas sagt, das ihn in der Zukunft betrifft. Die Tora befiehlt, nicht zu glauben, sondern nur zu vermuten. Und wenn es ihn nicht in der Zukunft betrifft, ist sogar das Zuhören allein [verboten] [wie in Abschnitt 2 oben erwähnt]. Wie viel mehr [ist es verboten], sich über seinen Freund zu stellen und ihn zu bitten [zu erzählen], bis der Sprecher zu einem Sprecher von rechiluth wird und der Zuhörer zu einem Annehmer von rechiluth, so dass er ein Sünder ist und er seinen Freund zum Sündigen bringt. Deshalb muss man sich sehr davon distanzieren, nach so etwas zu fragen, es sei denn, es ist ihm klar, dass er es für sein zukünftiges Wohlergehen wissen muss, um zu wissen, wie er sich vor Ploni schützen kann.

Seif 6. Und wisse, dass es noch einen weiteren Aspekt der issur des Annehmens von rechiluth gibt, wie ich erklären werde. Denn selbst wenn es für ihn klar ist, dass das, was ihm gesagt wurde, wahr ist, dass jemand etwas gegen seinen Willen gesagt oder getan hat, muss er dennoch nach den Maßstäben des Guten und des Verdienstes beurteilt werden, dass seine Absicht dabei nicht war, ihn zu verärgern, sondern etwas anderes, das, wenn es als solches verstanden wird, nicht als Unrecht gegen ihn angesehen werden würde! Und es ist bekannt, dass es nach dem Din eine Mitzwa ist, jemanden nach der Waage des Verdienstes zu beurteilen. Und weil er ihn nicht nach den Maßstäben des Verdienstes beurteilen wollte, sah er das, was der andere tat, als ein Unrecht an und hielt es ihm deshalb im Herzen vor. Daher wird er deswegen "ein Akzeptant von rechiluth" genannt.

Seif 7. Und wenn er schon übergetreten ist und rechiluth angenommen hat, so ist seine Besserung, sich zu stärken, um diese Sache aus seinem Herzen zu entfernen und sie nicht zu glauben. Und selbst wenn es ihm schwerfällt zu glauben, dass der Sprecher die ganze Sache erfunden hat, soll er daran denken, dass er einige Details der Tat oder einige Worte der Rede, die Ploni ihm zugeschrieben hat, hinzugefügt oder davon abgezogen hat, oder dass er sie in einer anderen Intonation erzählt hat, die sie von gut zu schlecht gemacht hat. Und er möge sich für die Zukunft vornehmen, nie wieder Lashon Hara oder rechiluth gegen einen Juden anzunehmen, und er möge seine Sünde bekennen. Und er wird dadurch die issur, die er übertreten hat, korrigieren, wenn er die Sache noch nicht anderen erzählt hat.

CHOFETZ   Zweiter Teil   CHAIM

Grundsatz 6

Einleitende Bemerkung

In diesem Grundsatz wird die issur der Annahme von rechiluth erklärt, wenn es vor drei oder vor ihm gesagt wird, und der din, wenn er einen Schaden erlitten hat und ein Gerücht verbreitet wurde, dass Ploni ihm diesen Schaden zugefügt hat, oder wenn jemand zu ihm "versehentlich" davon erzählte, oder [wenn es ihm von] jemandem gesagt wurde, dem er wie zwei Zeugen glaubt, und andere Einzelheiten des din von rechiluth. Es enthält zehn Abschnitte.

Seif 1. Es ist verboten, rechiluth anzunehmen, auch wenn der Sprecher die Sache in der Öffentlichkeit vor vielen Menschen gesagt hat. [Denn] selbst wenn er es getan hat, darf man [daraus] nicht schließen, dass das, was er sagt, wahr ist. Aber es ist zu vermuten [als möglicherweise wahr] und danach zu fragen, ob es ihn in der Zukunft beeinflussen könnte.

Seif 2. So wie wir oben [Teil 1, Grundsatz 6, Abschnitt 2] erklärt haben, dass es nach dem Din verboten ist, Lashon Hara zu akzeptieren, selbst wenn er es zu seinem Gesicht gesagt hat, so ist es auch mit rechiluth. Das heißt, wenn man ihm ins Gesicht gesagt hat: "Du hast dies und das über ihn gesagt", selbst wenn er jetzt schweigt, wenn der rechiluth über ihn gesprochen wird, ist es trotzdem verboten, ihn anzunehmen, und daraus [aus seinem Schweigen] ist kein Beweis abzuleiten, dass die Sache wahr ist. Und selbst wenn es die Natur dieses Mannes ist, in anderen Angelegenheiten nicht zu schweigen, und er tut es hier, so ist dies dennoch kein Beweis für die Wahrheit der Sache, wie wir oben erklärt haben.

Und das alles, selbst wenn der Schwätzer nicht gegen das Gebot verstößt: "Du sollst nicht schwätzen unter deinem Volk." Wie wenn er ihm sagt, er solle sich vor Ploni hüten, der ihm schaden will, und dergleichen, wie wir weiter unten erklären werden. Wie viel mehr, wenn er über ihn Worte von Lashon Hara und rechiluth im Allgemeinen spricht. Haben wir nicht bereits oben im Namen der Poskim erklärt, dass Lashon Hara und Rechiluth verboten sind, ob in seiner Gegenwart oder nicht? Wenn dem so ist, selbst wenn alles wahr ist, wie er sagt, dass Ploni dies und das über ihn gesagt hat, ist er [der Sprecher] dennoch ein absoluter Übeltäter, gemäß seiner Erzählung selbst; denn er übertritt das negative Gebot "Du sollst nicht schwatzhaft unter dein Volk gehen" und die anderen negativen und positiven Gebote, die oben in der Einleitung erklärt wurden. Und wenn das so ist, sollen wir diesen Mann [den, gegen den gesprochen wird] wegen dieses Übeltäters aus seinem Kaschrut-Status entfernen und sagen, dass er das Issur von Lashon Hara und dergleichen übertreten hat? Sicherlich ist jemand, der verdächtig ist, das negative Gebot der Rechiluth und der Lashon Hara zu übertreten, auch verdächtig, zu lügen und Worte hinzuzufügen und Dinge von Anfang bis Ende zu verändern.

Seif 3. Und wenn er einen geschäftlichen Verlust erlitten hat und die Ursache nicht kennt, wie z.B. wenn er einen Pachtvertrag mit einem Gutsbesitzer hatte und von diesem entlassen wurde, und er nicht weiß, ob ihn jemand verleumdet hat oder ob der Gutsbesitzer ihn von sich aus entlassen hat - dann ist es verboten, einen Juden zu verdächtigen [es sei denn, es gibt "Indizien", die auf ihn hindeuten [wie weiter unten erklärt wird], in welchem Fall es ihm erlaubt ist, dem Rechiluth in seinem Herzen zu glauben; aber es ist ihm nicht erlaubt, ihm [dem Verdächtigen] dadurch einen Schaden zuzufügen [wie weiter unten erklärt wird]]. Denn es ist verboten, einen Juden als "Übeltäter" einzustufen. Und dazu heißt es [Vayikra 19:15]: "Mit [der Waage der] Gerechtigkeit sollst du deinen Nächsten beurteilen."

Und selbst wenn er hörte, dass Ploni ihm den Schaden zugefügt hat, darf er es nur vermuten, aber nicht in sich selbst als wahr bestätigen. Und selbst wenn die Leute einen Streit mit dem Verdächtigen anzettelten und ihm sagten, dass er ein großes Unrecht getan habe, was man von ihm hörte, dass er einem Juden einen Schaden zugefügt habe - und er schwieg, so ist daraus noch nicht zu schließen, dass die Sache wahr ist. Denn obwohl es für ihn eine Mitzwa ist, sich vom Verdacht zu befreien und denjenigen, der ihn verdächtigt hat, davon zu überzeugen, dass er nicht verdächtigt werden soll, wie es in Bamidbar 32:22 heißt: "Und du sollst rein sein von der Schuld gegenüber dem HERRN und gegenüber Israel", aber es könnte sein, dass er sah, dass sie die Verleumdung so sehr für wahr hielten, dass sie keine Antwort von ihm akzeptierten, weshalb er beschloss, dass es das Beste für ihn wäre, zu schweigen und einer von denen zu sein, "die beschämt werden, aber sich nicht beschämen, die ihre Beschämung hören und nicht antworten."

Seif 4. Und wisse ferner, dass die issur der Annahme von rechiluth auch dann gilt, wenn er von zwei oder mehr gehört hat oder es in der Stadt gemunkelt wurde, dass Ploni gegen ihn gesprochen oder ihm dies und das angetan hat. Dennoch ist es verboten, dies anzunehmen und die Sache in seinem Herzen als wahr zu bestätigen, auch wenn die Absicht der Sprecher nach ihren Worten zu seinem zukünftigen Wohl war. Denn Juden werden nicht wegen ihrer [der Sprecher] Worte zu "Übeltätern" gemacht [wie oben in Abschnitt 2 erwähnt].

Seif 5. Die issur der Annahme des rechiluth besteht auch dann, wenn der Sprecher von ihm als zwei [Zeugen] geglaubt wird, und selbst wenn es in dieser Sache [dem rechiluth] keine [Möglichkeit einer] "Verdienstskala"-Interpretation gäbe. All dies, wenn es keinen zukünftigen Nutzen für ihn gibt, diese Sache zu kennen. Aber wenn es einen gibt, wie z.B.

wenn ihm gesagt wird, dass Ploni ihm an seinem Körper oder seinem Besitz und ähnlichem Schaden zufügen will, so dass er sich vor ihm schützen kann, ist es erlaubt, dies von ihm anzunehmen und es zu glauben. Aber er darf es nicht anderen offenbaren, auch nicht den Mitgliedern seines Haushalts, es sei denn, diese Offenbarung könnte von zukünftigem Nutzen sein. Und all dies, wenn ihm [vom Sprecher] gesagt wurde, dass er dies von ihm [dem Verdächtigen] selbst gehört hat. Wenn er es aber von einem anderen gehört hat, der gesagt hat, dass er es von ihm gehört hat, dann hat er keinen größeren Vorteil [an Glaubwürdigkeit] als jeder andere Mensch.

Seif 6. Und selbst wenn es eine Aussicht auf einen [zukünftigen] Nutzen gibt, gilt dies [dass er die Rechiluth akzeptieren kann] nur, wenn er den Mann sehr gut kennt, das heißt, wenn er die Natur dieses Mannes genau kennt - dass er niemals lügt und dass er niemals etwas auslässt. Aus diesem Grund vertraut er ihm bedingungslos, so dass seine Worte immer geglaubt werden [in diesem Fall wie in allen anderen Fällen], so wie die Worte zweier Zeugen, die in beth-din aussagen, wo es keinen Zweifel [an der Wahrheit ihrer Aussage] gibt. Wenn er ihm aber in anderen Dingen nicht so viel glaubt, sondern nur in diesem, da ihm der Leckerbissen von Lashon Hara und rechiluth schmeckt, weshalb er in sich beschließt, ihm als zwei Zeugen zu glauben, ist es gewiss verboten [ihm zu glauben]. Denn je mehr er die

Sache für wahr hält, desto mehr gerät er in die Klasse der Akzeptanten von rechiluth und Lashon Hara.

Seif 7. Und all dies galt zur Zeit des Talmuds, aber heute, nach dem Konsens der Poskim, dass man nicht sagen soll "Ich glaube diesem Mann wie zwei Zeugen, die nicht lügen", ist es verboten, seine Worte in jedem Fall zu akzeptieren, sondern nur zu vermuten. Und [auch] ohne dies ist es nicht üblich, dass alle in den Abschnitten 5 und 7 genannten Bedingungen erfüllt sind. Daran kann man sehen, wie viele Menschen sich in dieser Sache irren. Sie achten auf die Issur des Sprechens und des Annehmens von Lashon Hara und Rechiluth, wenn sie es von anderen hören, aber nicht, wenn sie es von ihren Vätern oder Müttern oder Ehefrauen hören, weil sie denken, dass diese sie sicher nicht anlügen würden. Und das ist ein absoluter Fehler, denn es gibt keinen Unterschied zwischen diesem [und anderen Fällen].

Seif 8. Der Din der Issur des Annehmens von Rechiluth besteht auch dann, wenn er "in seiner Unschuld" spricht. Das heißt, wenn er [der Zuhörer] sieht, dass der Sprecher nicht die Absicht hatte, Streit gegen seinen Freund zu schüren, sondern dass es [der Rechiluth] seinen Mund zufällig verlassen hat. [Alle anderen Einzelheiten sind oben im ersten Teil, Grundsatz 7, Abschnitt 9, in Bezug auf Lashon Hara erklärt. Das Gleiche gilt für Rechiluth.]

Seif 9. Was die "Indizien" betrifft, aus denen hervorgeht, dass das, was ihm über Ploni gesagt wurde, dass er dies und das zu ihm getan oder gesagt habe, wahr ist - ob man dem Gesagten Glauben schenken soll oder nicht -, siehe oben, Erster Teil, Grundsatz 7, Abschnitte 10-14, wo wir mit Hilfe des Herrn alle relevanten Details erklärt haben. Aber um die Lektüre zu erleichtern, werde ich das, was sich daraus ergibt, wiedergeben - dass die folgenden Bedingungen erfüllt sein müssen:

a. dass es in den "Anzeichen" der Wahrheit [des Rechiluth] nichts gibt, um ihn in der Waage des Verdienstes zu beurteilen. Denn wenn nicht [d.h. wenn es etwas gäbe, das es nahelegt, ihn in der Verdienstskala zu beurteilen], wie können dann "Hinweise auf die Wahrheit" [des rechiluth] hier relevant sein? Selbst wenn der rechiluth wahr ist, ist dem Verdächtigen nicht zu glauben, dass er damit Unrecht beabsichtigte, wie oben an mehreren Stellen erwähnt.

b. dass es sich um einen tatsächlichen "Hinweis" handelt, der sich auf die Geschichte bezieht, und nicht um einen leichten "Hinweis".

c. dass er die "Hinweise" selbst sieht und nicht von anderen davon erfährt.

d. dass es für die Zukunft von Vorteil sein könnte, die Geschichte zu kennen; andernfalls ist es verboten, sein Ohr zu neigen und ihr zuzuhören, wie wir an mehreren Stellen geschrieben haben.

e. Nach all dem sind Hinweise nur insofern von Nutzen, als man die Geschichte in seinem Herzen glaubt, aber nicht, um sie anderen mitzuteilen. Auf jeden Fall ist es verboten, sich auf tatsächliche "Hinweise" zu verlassen, um ihm einen finanziellen Verlust zuzufügen oder ihn zu schlagen, G-tt bewahre [siehe oben, Abschnitt 14, wo wir dies näher erläutert haben].

Seif 10. Und dadurch wirst du in Wirklichkeit sehen, wie weit wir in unseren vielen Sünden in die Irre gegangen sind - dass, wenn jemand einen Verlust durch einen Spitzel oder ähnliches erleidet und er "Hinweise" gegen einen Juden hat, im Vertrauen auf sie [die Hinweise], er hingeht und auch gegen ihn denunziert! Denn es ist eine Binsenweisheit unter den Menschen, dass, wenn einer seinen Freund verrät, dieser ihn auch verraten kann! Und in Wahrheit ist dies aus mehreren Gründen ein absoluter Irrtum:

a. Dies ist nur dann der Fall, wenn das zweite Informieren zu einem zukünftigen Nutzen führen kann, dass sein Gegner sein Informieren nicht wiederholt. Wenn er sich auf keine andere Weise retten kann, ist dies erlaubt. Aber wenn seine Absicht nur darin besteht, sich an ihm zu rächen, ist es sicherlich eine absolute issur [wie in Choshen Mishpat 388:9 erklärt].

b. Außerdem gilt all dies nur, wenn er mit eigenen Augen gesehen hat, dass gegen ihn ermittelt wurde; aber er darf sich nicht auf

"Hinweise" verlassen, selbst wenn es echte Hinweise sind und er sie selbst gesehen hat. Um wie viel mehr ist es verboten [den Rechiluth anzunehmen], wenn ihm von anderen gesagt wurde, dass er gegen ihn informiert worden sei. Denn in einem solchen Fall ist es auch verboten, in seinem Herzen zu glauben, dass die Sache wahr ist, solange sie nicht im beth-din gegen ihn ausgesagt haben [oder sogar außerhalb des beth-din, wenn es absolut klar ist, dass es keinen Zweifel an der Geschichte gibt]. Um wie viel mehr ist es verboten, sich darauf zu verlassen und seinem Freund einen finanziellen Verlust zuzufügen, selbst wenn seine Absicht dabei "zukünftiger Nutzen" ist.

Grundsatz 7

Einleitende Bemerkung

In diesem Grundsatz wird die Issur des Sprechens von Rechiluth in all ihren Aspekten erläutert. Er enthält fünf Abschnitte.
Seif 1. Es macht keinen Unterschied, ob der Sprecher ein Mann oder eine Frau, ein Verwandter oder ein Fremder ist, um Rechiluth zu sprechen. Und selbst wenn man jemanden hört, der sich herabsetzend über seinen Vater und seine Mutter äußert, und aus großer Sorge um ihre Ehre offenbart er es ihnen, fällt auch dies in die Kategorie der Rechiluth. Es macht auch keinen Unterschied, ob derjenige, über

den gesprochen wird, ein Mann oder eine Frau, ein Erwachsener oder ein Minderjähriger ist [wie wir oben in Teil 1, Grundsatz 7, Abschnitte 1-3 erklärt haben].

Und es gibt Menschen, die dabei in die Irre gehen, so dass, wenn jemand zwei Jungen streiten sieht, er zu einem der Väter geht und sagt, dass der andere Junge seinen Sohn geschlagen hat. Und das führt oft zu großem Schaden. Der Vater dieses Jungen schlägt in seinem Hass das zweite Kind, und das führt zu einem heftigen Streit zwischen den Vätern. [Dies geschieht meistens in der Synagoge.] Wenn wir nun die Zahl der Issurim zählen würden, die aus diesem Streit resultieren, wären es zu viele, um sie zu zählen. Und das gilt selbst dann, wenn er nicht genau weiß, wer Recht hat, denn in diesem Fall ist es verboten, es dem Vater des einen oder anderen zu sagen. Aber selbst wenn er weiß, dass einer von ihnen Recht hat, darf er es dem Vater des zweiten nicht sagen, es sei denn, die unten in Grundsatz 9 erläuterten Bedingungen sind erfüllt.

Seif 2. Und wisst, dass der issur der rechiluth auch dann gilt, wenn er gegen einen am ha'aretz [[Unwissenden]] gesprochen wird, da auch er zur Kategorie "dein Volk" gehört. Und selbst wenn man klar sieht, dass dieser am ha'aretz jemanden erniedrigt hat, nicht ins Gesicht, und umsonst, und dass der Din mit dem anderen ist, haben wir nicht oben ["Grundsatz I"] erklärt, dass der issur der rechiluth auch besteht, selbst wenn dieser wahrheitsgemäß gesprochen wird?

Wie viel größer und schwerer ist die Sünde, rechiluth gegen einen Toragelehrten zu sprechen, und zwar aus mehreren Gründen:

a. wegen der Rechiluth selbst. Denn ist es nicht offensichtlich, dass, selbst wenn in der Rechiluth, die er gegen seinen Freund sprach, eine Beimischung von Unwahrheit enthalten war, seine Strafe sicherlich schwerer ist, als wenn sie [ganz] wahr wäre? Und wenn wir unseren Fall betrachten, werden wir feststellen, dass es sich in den meisten Fällen um eine Rechiluth der Unwahrheit handelt. Denn ein Tora-Gelehrter - so kann man annehmen - erniedrigt einen Menschen nicht und tut ihm nicht umsonst Unrecht; und es kann angenommen werden, dass er das, was er getan hat, nach dem Din getan hat. Wenn man also hingeht und von ihm sagt, dass er etwas Falsches getan hat, ist das eine Rechiluth der Unwahrheit.

b. wegen des Wesens dieses Mannes [des Toragelehrten]. Denn die Tora hat uns geboten, ihnen [den Tora-Gelehrten] in allen Beziehungen anzuhängen: mit einem Tora-Gelehrten zu essen und zu trinken und Geschäfte zu machen, und seine Tochter mit einem Tora-Gelehrten zu verheiraten und sie hoch zu ehren. Wie viel mehr ist es verboten, mit ihnen Streit zu schüren. Denn das führt zum Gegenteil von all dem.

c. wegen der Folgen, die sich aus dieser Erzählung ergeben. Denn es ist bekannt, dass man nicht so sehr betroffen ist, wenn ein am ha'aretz ihn erniedrigt oder ihm ein Unrecht tut. Wenn man aber erfährt, dass ein Toragelehrter ihn erniedrigt hat, wird sicherlich mehr Hass gegen ihn in sein Herz einziehen, und es ist sehr wahrscheinlich, dass dadurch Streit geschürt wird. Und vor allem, wenn er sich gegen den Rabbiner der Stadt ausspricht, kann daraus großer Schaden entstehen, und nicht selten ist dadurch sein Lebensunterhalt gefährdet.

Seif 3. Und wisse weiter, dass es keinen Unterschied in der Issur von Rechiluth gibt, ob er Reuven selbst gesagt hat, was Ploni gegen ihn gesagt hat, oder ob er diese Sache Reuvens Frau oder seinen Verwandten erzählt hat. Denn mit Sicherheit wird es von ihnen übel aufgenommen werden, und sie werden es Ploni vorhalten. Selbst wenn er sie also ermahnte, es niemandem zu erzählen, verlässt die Sache nicht die Kategorie der Rechiluth.

Seif 4. Es gibt auch keinen Unterschied in der Issur der Rechiluth, ob er sie zu einem Juden gegen einen Juden spricht oder ob er sie gegen einen Juden vor Nichtjuden spricht. Und wenn wir es genau betrachten, werden wir feststellen, dass seine Sünde in diesem Fall [dem letzteren] viel größer ist als in der Rechiluth im Allgemeinen. Denn wenn er ihm [dem Nichtjuden] erzählt, was Ploni [der Jude] ihm angetan oder über ihn gesagt hat, kann er ihm [Ploni] sicherlich Schaden und Kummer zufügen. [Und es gibt noch andere Gründe, wie wir oben im Ersten Teil, Grundsatz 8, Abschnitt 12, ausführlich erläutert haben]. Und es gibt Menschen, die dabei sehr in die Irre gehen, indem sie einem Nichtjuden einen Mangel an Waren unterstellen, die ihm ein Jude verkauft hat, oder an Arbeiten, die ein Jude für ihn [den Nichtjuden] verrichtet hat, und dergleichen. Dadurch kann er dem Juden Schaden und Kummer zufügen, und sehr oft ist dadurch sein Lebensunterhalt gefährdet.

Seif 5. Was den Issur der Annahme von Rechiluth betrifft, so ist sein Din wie der von Lashon Hara [vgl. Erster Teil, Grundsatz 8, Abschnitte 2 und 4]. Deshalb sollte man sehr darauf achten, von niemandem Rechiluth anzunehmen, nicht einmal von seiner Frau. Und wenn wir dies untersuchen, stellen wir fest, dass er, wenn er rechiluth von seiner Frau annimmt, indem sie sagt, dass Ploni so und so über ihn gesprochen hat, abgesehen von der Sünde der Annahme von rechiluth selbst, viele Schwierigkeiten über sich bringt. Denn wenn sie sieht, dass ihr Mann die Worte gnädig annimmt, wird sie ihm immer solche Dinge erzählen und ihn dadurch in Streit, Zank und Niedergeschlagenheit bringen. Deshalb ist es angebracht, dass "ein Mann des Geistes" seine Frau zurechtweist, wenn sie ihm solche Dinge erzählt.

Grundsatz 8

Einleitende Bemerkung

In diesem Grundsatz wird der "Staub" von

rechiluth in all seinen Aspekten erklärt. Es enthält fünf Abschnitte.

Seif 1. Es gibt viele Dinge, die wegen des "Staubes" von rechiluth verboten sind. Ich werde einige von ihnen kurz erläutern, und der intelligente Leser wird ihre Parallelen erkennen: Einer erzählt seinem Freund, dass sie Ploni nach ihm gefragt haben und er geantwortet hat: "Still! Ich will nicht sagen, was geschehen ist und was geschehen wird!" All diese Dinge, bei denen man ihm sagt, dass Plonis Worte etwas Schlechtes über ihn aussagen, fallen in die Kategorie des "Staubes" der Verleumdung.

Seif 2. Wenn man also einen anderen vor seinem [des anderen] Freund lobt, wo ein solches Lob in seinem [des Freundes] Herzen Groll gegen ihn [den anderen] erwecken kann, und daraus Schaden entstehen kann, fällt dies in die Kategorie des "Staubes" der Rechiluth. Daher scheint es mir, dass man sich davor hüten sollte, Reuven vor Schimon, seinem Partner [oder einer Frau vor ihrem Mann oder einem Mann vor seiner Frau], zu loben, weil er ihm ein Darlehen gewährt oder ein Almosen gegeben oder ihn für seine Arbeit gut bezahlt hat, und dergleichen. Denn dies könnte im Herzen Schimons einen Groll gegen seinen Partner Reuven erwecken [weil er sich überhoben hat]. Und manchmal könnte dies zu Schaden für Reuven oder zu Streit führen [und damit zu einem Ehemann gegenüber seiner Frau], weil Schimon denkt, dass Reuven in seinen Ausgaben verschwenderisch ist.

Seif 3. Und so muss man aufpassen, wenn man seinen Freund um einen Gefallen bittet und der andere ablehnt, dass man ihn nicht fragt: "Warum hast du das für Ploni getan? Er selbst hat es mir gesagt" - denn auch das kann den Groll des Freundes gegen Ploni erwecken, weil er die Sache anderen verraten hat, die er [jetzt] nicht ablehnen kann.

Seif 4. Und es gibt noch andere Dinge, die wegen des "Staubes" von rechiluth verboten sind, wie z.B. einem anderen zu offenbaren, was jemand über ihn gesagt hat, was zwar nicht erniedrigend ist, aber die meisten Menschen würden es ablehnen, wenn es vor ihnen wiederholt werden würde.

Seif 5. Und ein Mann muss ein Geheimnis verbergen, das ihm sein Freund unter vier Augen erzählt, auch wenn die Enthüllung dieses Geheimnisses nicht rechiluth ist. Denn in der Enthüllung liegt ein Schaden für den Mitwisser und ein Grund, seine Pläne zu vereiteln. Außerdem weicht er in diesem ["Staub" der rechiluth] vom Weg der Bescheidenheit ab und verstößt gegen den Willen seines Vertrauten.

Grundsatz 9

Einleitende Bemerkung

In diesem Grundsatz werden Situationen erläutert, in denen die Issur von Rechiluth nicht gilt, wenn die notwendigen Bedingungen erfüllt sind. Er enthält fünfzehn Abschnitte.

Oben, in den Halachoth der Issurim von Lashon Hara, haben wir in Grundsatz 10 erklärt, wie Lashon Hara gesprochen werden kann, wenn man sich in Angelegenheiten "zwischen dem Menschen und seinem Nächsten" unkorrekt verhält, wobei die Absicht des Sprechers allein auf Nutzen ausgerichtet ist. Und nun werden wir in diesem Prinzip erklären, wie rechiluth ab initio gesprochen werden kann, wenn der Sprecher die Absicht hat, [möglichen] Schaden zu beseitigen. Und ich bete zum Herrn, dass ich nicht in einer Angelegenheit der Halacha stolpere.

Seif 1. Wenn jemand sieht, dass sein Freund eine Partnerschaft mit jemandem eingehen will, und er spürt, dass er dadurch sicherlich Schaden erleiden wird, muss er ihm sagen, dass er ihn vor diesem Schaden bewahren soll, aber die folgenden fünf Bedingungen müssen erfüllt sein:

Seif 2. Sie lauten:

a. Er darf nicht sofort zu dem Schluss kommen, dass ein Schaden entstehen wird, sondern muss von Anfang an sorgfältig abwägen, ob das Ergebnis tatsächlich schädlich sein wird.

b. Er darf die Sache nicht so übertreiben, dass sie schlimmer ist als sie tatsächlich ist.

c. Seine Absicht darf nur dem Nutzen dienen, d.h. den Schaden des einen zu beseitigen, und nicht, weil er den anderen hasst.

[Und in diese dritte Bedingung werden wir noch einen weiteren Punkt einbeziehen - dass er nicht nur die Absicht hat, Nutzen zu stiften und nicht durch Hass motiviert ist, sondern dass er zuerst darüber nachdenken muss, ob tatsächlich ein Nutzen daraus erwächst - im Gegensatz zu dem, was sehr oft geschieht, dass er, selbst wenn er es ihm sagt, nicht auf ihn hört, sondern eine Partnerschaft mit ihm eingeht, und hinterher, wenn sein Partner ihn mit irgendetwas verärgert, sagt er ihm: "Er hatte Recht, als er mir sagte, ich solle nicht dein Partner werden", und ähnliches. Für solche Menschen, bei denen er erkennt, dass sie diesen schlechten Charakterzug der Rechiluth besitzen, ist kein Hetero denkbar, denn er lässt diese Blinden über das absolut negative Gebot der Rechiluth stolpern].

d. Wenn er diesen Nutzen [auf eine andere Weise] bewirken kann, ohne schlecht über den anderen sprechen zu müssen, sollte er dies tun.

e. All dies ist nur erlaubt, wenn derjenige, über den gesprochen wird, durch das, was über ihn gesagt wird, keinen absoluten Schaden erleiden wird. Das heißt, es ist nicht erlaubt, ihm einen positiven Schaden zuzufügen, sondern nur, ihm das Gute zu nehmen, das ihm aus der Partnerschaft hätte erwachsen können. Auch wenn dies für ihn schlecht ist, ist es in jedem Fall erlaubt. Wenn ihm aber durch das, was über ihn gesagt wird, absoluter Schaden zugefügt wird, ist es verboten, über ihn zu sprechen; denn dies würde andere Bedingungen erfordern, wie weiter unten, so der Herr will, in den Abschnitten 5 und 6 erklärt wird. Und wie viel mehr [ist es verboten], wenn er sieht, dass seine Geschichte dem Betreffenden großen Schaden zufügen würde, mehr als der Din vorschreibt [nämlich unten, Abschnitt 5].

Seif 3. Und nun werden wir eine weitere Situation beschreiben, in der der Issur der Rechiluth nicht gilt. Wenn man einen anderen sagen hört: "Wenn ich Ploni an diesem und jenem Ort treffe, werde ich ihn schlagen oder ich werde ihn beleidigen und beschämen", oder wenn er von ihm gehört hat, dass er beabsichtigt, ihm einen finanziellen Schaden zuzufügen, hängt [der Din] davon ab: Wenn dieser Mann einen Ruf für solche Dinge hat, weil er [tatsächlich] anderen Personen oft solche Dinge angetan hat, oder wenn er [der Beobachter] der Situation entsprechend erkennt, dass das, was aus seinem Mund kam, keine bloße Übertreibung war, und dass er seinen Worten tatsächlich Taten folgen lassen würde, muss er dies der anderen Partei offenbaren. Vielleicht kann er auf den anderen Rücksicht nehmen, damit er nicht von ihm beschämt oder geschädigt wird. Aber auch hier muss er darauf achten, dass es an all den oben genannten Bedingungen nicht mangelt.

Seif 4. Und obwohl diese Sache [d.h. sie zu offenbaren, wenn es nötig ist] eine große Mizwa ist und in die Kategorie der "Förderung des Friedens" fällt, muss man doch sehr darauf achten, dass man so etwas nicht übereilt offenbart, es sei denn, man weiß nach reiflicher Überlegung, dass der Hörer sich hüten wird, allein an diesen Ort zu gehen, um nicht von diesem Mann geschlagen oder beleidigt zu werden, oder einem anderen Rat dieser Art zu folgen, wodurch der Streit zwischen ihnen beendet werden kann. Denn sehr oft kommt es vor, dass, wenn man jemandem sagt, dass Ploni ihn beleidigen will, er noch wütender auf ihn wird und sich ihm tatsächlich in den Weg stellt, um mit ihm zu streiten. Der Enthüller könnte also, G-tt bewahre, einen noch größeren Streit verursachen, so dass er am Anfang sehr sorgfältig überlegen muss, wie er die Dinge wieder in Ordnung bringen kann.

Seif 5. Und nun kommen wir dazu, mit Hilfe des gesegneten Herrn einen weiteren großen Grundsatz in diesen Dingen zu erklären, durch den auch die fünfte Bedingung für dich geklärt werden wird. Wisse, dass der ganze Heter, über den wir in Abschnitt 1 geschrieben haben, nur dann besteht, wenn der Mann, dem er die Geschichte offenbaren würde, die Partnerschaft mit dem anderen noch nicht vollzogen hat, sondern nur damit einverstanden ist. Aber wenn sie vollzogen wurde [von jedem nach seinen Umständen, wie von den Poskim erklärt, in einer Art und Weise, die es verbietet, sie danach zurückzuziehen], dann hängt [der Din] davon ab: Wenn er [der zukünftige Enthüller] weiß, dass der andere ihm durch die Enthüllung dessen, was er über den Mann weiß, in keiner Weise schaden würde, sondern sich nur davor hüten würde, dass ihm von nun an kein Schaden zustößt, und alle Bedingungen, die in Abschnitt 2 festgelegt wurden, ebenfalls erfüllt sind, dann wäre es richtig, dies zu tun [d.h. es zu enthüllen]. Wenn er aber wüsste, dass der Mensch, dem er es sagen würde, so beschaffen ist, dass er es, sobald er es hört, stillschweigend glauben würde [entweder weil es seiner Natur entspricht, solche Dinge von seinem Nächsten sofort zu glauben, oder weil es "Anzeichen" [die auf die Wahrheit der Offenbarung hinweisen] gibt, oder weil er sich auf ihn [den Sprecher] stillschweigend verlässt], und er würde sofort für sich selbst entscheiden und handeln, d.h., dann ist es, selbst wenn er nichts Schlimmeres tun würde als den Din, den das Beth-din aussprechen würde, wenn zwei Zeugen im Beth-din nach seinen Worten [des Offenbarers] aussagen würden, dennoch verboten [es zu offenbaren]. Denn indem er es offenbart, schadet er dem Mann [über den er spricht], was nicht der Fall wäre, selbst wenn er im beth-din über ihn aussagen würde. Denn selbst wenn er dasselbe in beth-din sagen würde, könnte beth-din ihm keine Geldzahlung gemäß seiner Aussage auferlegen, da er ein einziger Zeuge ist, [dessen Aussage nicht akzeptiert wird], und jetzt [wenn er es enthüllt] würde er ihm dadurch wirklich Schaden zufügen. Wenn aber zwei Personen die Sache erzählen, die sie selbst bezeugt haben, dann scheint es erlaubt zu sein, dass sie sie offenbaren. Denn ihre Absicht ist nur, den Hörer vor Schaden zu bewahren, und auch nicht, [dem anderen] durch ihre Offenbarung mehr zuzufügen, als es dem Din entspricht. [Denn wenn sie sehen, dass er [der Hörer] durch die Enthüllung dem anderen einen Schaden zufügen würde, den selbst der beth-din ihrer Aussage nicht auferlegen würde, haben sie keinen Vorteil gegenüber einem einzelnen Zeugen, und es wäre ihnen sicherlich verboten, es zu enthüllen.] Und es ist auch notwendig, sicherzustellen, dass keine der anderen, oben in Abschnitt 2 erwähnten Angaben fehlen.

Seif 6. Aber diese ganze Verschiedenheit von zwei Zeugen im Falle eines Mannes, der wahrscheinlich "für sich selbst regiert", ist nur von Nutzen, um sie vor dem Issur der verbotenen Rede zu retten; aber in jedem Fall verlassen sie dadurch nicht die Klasse der "Anstifter zu den Übertretern". Denn durch sie wird der Hörer [höchstwahrscheinlich] etwas Verbotenes tun. Denn nach dem Din ist es ihm verboten, ihre Worte anzunehmen und selbst etwas zu tun, um seinem Freund Schaden zuzufügen, solange sie nicht im beth-din bezeugt haben und der beth-din es ihm erlaubt hat, dies zu tun, wie oben in Grundsatz 6,

Abschnitte 9 und 10 erläutert. Abgesehen davon ist es sehr schwierig, sich vorzustellen, dass dieser Din in der Realität auftritt, um ihn in diesem Fall zu erlauben [abgesehen davon, dass es sehr selten ist, dass alle [notwendigen] Bedingungen zusammenfallen]. Denn es ist kaum zu finden, dass diejenigen, die allein [und nicht im beth-din] sprechen, von vornherein alle Aspekte der Dinim in einem solchen Fall kennen, so dass sie einschätzen können, dass das, was Ploni ihm aufgrund ihres Sprechens antun wird, mit dem din der Tora übereinstimmt. Deshalb muss darauf geachtet werden, einem Mann, dessen Natur es ist, "für sich selbst zu herrschen", nichts ohne die Erlaubnis von beth-din zu offenbaren, damit sie nicht durch ihn in die Schlinge der "Männer der Zunge" geraten. Und: "Wer seinen Mund und seine Zunge hütet, der hütet seine Seele vor Unheil" [Sprüche 21,23].

Seif 7. Dasselbe gilt, wenn man einem anderen offenbart, dass Ploni ihn bestohlen oder geschädigt hat, oder ähnliches. Dies ist nicht erlaubt, es sei denn, alle oben genannten Bedingungen sind erfüllt und er hat ihn [den Dieb usw.] anfangs zurechtgewiesen und seine Zurechtweisung wurde nicht angenommen. Aber ohne dies ist es verboten [vgl. oben, Grundsatz 1, Abschnitt 3]. Und wie sehr muss man sich hüten, sich in diesen Dingen nicht sofort einen Heter zu geben, bis man am Anfang sorgfältig überlegt hat, ob alle Bedingungen erfüllt sind. Denn wenn er das nicht tut, ist es sehr wahrscheinlich, dass er die absolute negative Übertretung der Rechiluth begeht.

Seif 8. Und wisse, dass es bei diesem Grundsatz keinen Unterschied macht, ob der Freund ihn bittet, es ihm zu sagen, oder ob er es ihm selbst sagt. Denn wenn alle Bedingungen dieses Grundsatzes erfüllt sind, muss er es ihm sagen, auch wenn er ihn nicht darum bittet; wenn nicht, ist es in jedem Fall verboten.

Seif 9. Und wisse weiter, dass er alle Einzelheiten dieses Grundsatzes beachten muss, auch wenn er nur anderen davon erzählen will. Denn auch dies gehört zur Kategorie der Rechiluth, wie wir oben in diesem Teil, in Grundsatz 3, Abschnitt 3, geschrieben haben.

Seif 10. Und da es sehr leicht ist, in dieser Angelegenheit in Rechiluth abzuschweifen, werden wir dies mit mehreren Beispielen veranschaulichen und auf sie eingehen müssen, damit der intelligente Leser Parallelen zu allem, was so ist, ziehen kann. Aber damit der Leser nicht von ihrer Länge ermüdet, werde ich hier nur eine Illustration geben, und wenn der Herr es will, werde ich am Ende des Buches weitere hinzufügen.

Wenn er sieht, dass ein Mensch ein Geschäft betreten will, um etwas zu kaufen, und er weiß, dass dieser Mensch ziemlich naiv ist; und er weiß, dass der Ladenbesitzer ein Mensch ist, dessen ganzes Verlangen darin besteht, einen solchen Menschen zu umgarnen und zu täuschen - sei es in [Angelegenheiten von] Gewichten und Maßen oder beim Feilschen -, dann muss er ihm von diesem Geschäft erzählen und ihn davor warnen, es zu betreten, selbst wenn er mit diesem Ladenbesitzer bereits vereinbart hat, bei ihm zu kaufen. Umso mehr, wenn er sieht, dass der Ladenbesitzer ihn hinsichtlich der Ware [d.h., um ihn zu überzeugen, dass er die allerbeste Qualität kauft, obwohl er weiß, dass dies falsch ist] oder im Bereich der Maße und Gewichte oder des Kaufpreises täuschen will. [In solchen Fällen] muss er es ihm auf jeden Fall sagen, damit er nicht in die Irre geführt wird. Aber er muss sehr darauf achten, dass die oben genannten Bedingungen [Abschnitt 2] erfüllt sind.

Seif 11. All dies, wenn er ihn davor warnen will, betrogen zu werden. Wenn er aber bereits eine Ware von jemandem gekauft hat und er weiß, dass dieser ihn beim Kaufpreis oder in anderen Bereichen betrogen hat, ist [der Din] in diesem Fall von Folgendem abhängig: Wenn er nach dem Din der Tora nun keinen Anspruch gegen den Ladenbesitzer hat - wie wenn der Überpreis weniger als ein Sechstel wäre, oder wenn die [zugestandene] Zeit verstrichen ist, um es einem Händler oder seinem Verwandten zu zeigen, oder aus irgendeinem anderen Grund, dass der Betrogene den Verlust trägt, dann sicherlich, wenn man hingeht und den Betrogenen darauf aufmerksam macht und ihm zeigt, wie Ploni ihn betrogen hat, übertritt er das Issur der Rechiluth. Denn da er nach dem Din der Tora keinen Anspruch mehr gegen ihn hat, so ist das Erzählen nur ein allgemeines Gerede, und er [der Erzähler] ist wie der sprichwörtliche Hausierer, der von einem zum anderen hausiert. Und selbst wenn der Betrogene ihn bittet, soll er ihm nicht die Wahrheit sagen. Umso mehr, wenn er sieht, dass der Ladenbesitzer durch sein Reden einen Schaden erleiden kann, wie zum Beispiel, dass er [von den Behörden] erwischt wird oder dass er nicht das bekommt, was ihm für dieses Geschäft noch zusteht. Gewiss, derjenige, der das herbeiführt [d.h. der Kassierer], macht sich einer großen Sünde schuldig. Aber wenn er sieht, dass der Din gemäß der Tora mit ihm ist [dann kann er von der Transaktion zurücktreten oder den Betrag der Überzahlung erhalten]. Und wenn [er weiß, dass] der Betrogene, wenn er dies wüsste, sich nicht auf das Geschäft einlassen würde, dann muss er ihm die Wahrheit sagen, wie sie ist, um das Geld vom Händler zurückzubekommen. Aber er muss auf Folgendes achten:

Seif 12.

a. Er darf das Unrecht oder den Verlust nicht über das Maß hinaus übertreiben.

b. Seine wichtigste Absicht muss es sein, für die Wahrheit zu eifern und demjenigen zu helfen, dem Unrecht getan wurde [d.h. dem Betrogenen]. Und er darf sich nicht über die Schande des Betrügers freuen, auch wenn er genau weiß, dass er ihn betrogen hat. Und in diesem Zusammenhang fügen wir noch ein weiteres Detail hinzu, das fast dasselbe ist wie im Original. Das heißt, [um zu erzählen] muss er davon ausgehen, dass ein Nutzen daraus resultieren wird - im Gegensatz zu einem Fall, in dem er weiß, dass der Betrogene kein Mann der Worte ist, der vor Gericht gehen und die Leute bitten würde, ihm in dieser Sache zu helfen, sondern nur in seinem Herzen über die Geschichte trauern und Hass gegen den Händler hegen würde. [In einem solchen Fall] sollte er es ihm nicht sagen. Mehr noch, wenn er ihn in diesem Fall und im vorhergehenden Fall, den wir beschrieben haben, darum bittet - d.h. in einem Fall, in dem es nach dem Din verboten ist, von der Transaktion zurückzutreten, ist es eine Mitzwa, den Kauf vor ihm zu loben, und er verstößt dadurch nicht gegen [Schemot 23:7]: "Von einer Sache der Falschheit sollst du dich fernhalten" [wie Chazal gesagt haben [Kethuvoth 17a]: "Wenn jemand auf dem Markt einen schlechten Kauf getätigt hat - soll er ihn in seinen Augen loben."]

c. Wenn er das Gefühl hat, dass seine Worte des Tadels vom Händler gehört werden, damit er den zu viel bezahlten Betrag zurückgibt, dann sollte er ihn unter sich tadeln, damit er ihn zurückgibt, und es dem Käufer nicht verraten.

d. Wenn er den Vorteil auf andere Weise herbeiführen kann, wo er ihn nicht erniedrigen muss, sollte er es nicht sagen.

e. Der Mann, dem er es erzählt, darf nicht von Natur aus ein Schwätzer sein. Wenn er weiß, dass er diese niedere Eigenschaft besitzt, und dass er es dem Kaufmann wahrscheinlich sagen wird: "Ploni hat mir gesagt, dass diese Ware mangelhaft ist", oder dass sie nicht das wert ist, was er dafür bezahlt hat, dann ist zu prüfen, ob es erlaubt ist, einem solchen Mann die Wahrheit zu sagen; denn er könnte ihn dazu bringen, in die Issur der Rechiluth zu stolpern. Auf jeden Fall scheint es so zu sein, dass er es ihm sagen sollte, wenn er das Gefühl hat, dass er beachtet wird, wenn er ihn ermahnt, seinen Namen nicht preiszugeben.

Seif 13. Alles, was wir gesagt haben, gilt, wenn er weiß, dass der Betrogene so beschaffen ist, dass er, wenn ihm die Wahrheit über den Betrug bekannt wird, nicht von sich aus etwas tun wird, sondern ihn zum Beth-din vorlädt und dem Din der Tora folgt. Wenn er aber weiß, dass er einer ist, der, wenn er davon erfährt, "für sich selbst entscheiden" und ihn verhaften oder ihm die Ware zurückgeben oder ihm das, was er ihm schuldet, nicht bezahlen wird, ohne die Beurteilung des beth-din, muss man sich hüten, es ihm zu offenbaren, denn um sich von der verbotenen Rede zu befreien, müssen drei weitere Bedingungen erfüllt sein:

a. Das Thema des Betrugs [d.h., wie er ihn betrogen hat] muss den Erzählenden selbst bekannt sein, im Gegensatz dazu, dass sie von anderen hören, dass es an diesem Ort einen

Betrug gibt, in welchem Fall es ihnen verboten ist, es ihm zu sagen.

b. Die Informanten müssen zwei sein.

c. Der Schaden, den sie dem Betrüger durch ihre Worte zufügen, darf nicht größer sein als der Din, der durch ihre Worte im Beth-Din entsteht. Wenn sie aber wissen, dass der Betrogene so beschaffen ist, dass er dem Betrüger einen größeren Schaden zufügen würde als den, der sich aus dem Din ergibt, und dass er sich danach nicht an den Din für den Betrüger halten würde, ist es auf jeden Fall verboten, es ihm zu verraten.

Und mit den ersten fünf Bedingungen gibt es insgesamt acht Bedingungen [für die Enthüllung]. Und selbst wenn sie alle zutreffen, nützt das nur, um sich vor der verbotenen Rede zu retten. Aber in jedem Fall rettet er sich nicht vor dem Issur der "Beihilfe zur Übertretung". Denn nach dem Din ist es dem Hörer verboten, irgendetwas nach ihren Worten zu tun, auch wenn viele Sprecher es ihm gesagt haben, solange sie nicht im Beth-Din gegen ihn ausgesagt haben und der Beth-Din es ihm erlaubt hat [vgl. oben, Grundsatz 6, Abschnitte 9 und 10]. Daher muss man äußerst vorsichtig sein, einer Person, deren Natur es ist, "für sich selbst zu herrschen", ohne die Erlaubnis von Beth-Din nichts zu offenbaren.

Und nun, mein Bruder, sieh, wie in unseren vielen Sünden so viele Menschen darin stolpern, dass, wenn einer eine Ware aus einem Geschäft nimmt und sie mit Meschicha [einer

Erwerbsart] erwirbt, gemäß dem Din, und sie seinem Freund zeigt und ihn fragt, ob sie das wert ist, was er dafür bezahlt hat, er sie nicht nur nicht lobt, sondern sie sogar herabsetzt und sagt: "Er hat dich wirklich betrogen!" Und er achtet auch nicht darauf, den aktuellen Marktpreis zu ermitteln. Denn sehr oft ändert sich der Preis in kurzer Zeit. Und er achtet auch nicht darauf, wie viel er ihm zu viel berechnet hat, ob es nach dem Din der Tora ein zulässiger Überpreis ist oder nicht. Und auch, wann er ihm zu viel berechnet hat. Denn vielleicht ist die Zeit, es einem Kaufmann oder einem Verwandten zu zeigen, schon verstrichen, so dass [jeder Protest] nichts nützen würde. Aber er würde dem Käufer nur großen Hass gegen den Verkäufer ins Ohr flüstern und damit ein buchstäblicher "Schwätzer" sein, der von einem zum anderen "hausieren" geht.

Und oft spricht er aus Hass gegen ihn, und es stellt sich hinterher heraus, dass es das wert ist, was er dafür bezahlt hat. Und nicht selten wird dem Verkäufer ein großer Schaden zugefügt; denn er wird ihn [den Käufer] anstacheln und sagen: "Geh und gib die Ware zurück und wirf sie ihm ins Gesicht. Und wenn du dich schämst, es selbst zu tun, schicke sie mit jemand anderem. Und wenn er sie nicht zurücknehmen will, dann bezahle ihm nicht, was du ihm für diese Ware noch schuldig bist oder [was du ihm schuldig bist] vom vorherigen Kauf!" [Und wenn er die Ware dem Verkäufer zurückgibt und dieser sich weigert, sie anzunehmen, und sagt, dass er ihm nach dem Din der Tora einen Verlust zufügt, dann kommen sie in Streit und beschimpfen sich gegenseitig.

Seht, wie viele Übel dieser Schwätzer begangen hat: Er hat gegen das negative Gebot "Du sollst nicht schwatzhaft unter deinem Volk gehen" verstoßen [wenn er die oben genannten Bedingungen nicht beachtet], und er hat gegen das Gebot "Du sollst den Blinden keinen Stolperstein in den Weg legen" verstoßen, indem er seinem Freund riet, die Ware unrechtmäßig zurückzugeben, oder indem er andere Verluste verursachte und indem er Streit verursachte, der zu einem Verstoß gegen das Gebot "Du sollst dem Nächsten kein Unrecht antun" und zu vielen anderen negativen Geboten führte, die aus Streit resultieren - der Himmel bewahre uns. Und wenn das so ist, wie sehr muss man sich hüten, in solche Dinge einzugreifen, ohne gut darüber nachzudenken, was wir oben geschrieben haben. Und dann wird der Herr mit ihm sein, so dass nichts Schlechtes aus seinem Ratschluss resultiert.

Seif 14. Wenn Reuven etwas Unrechtes angetan wurde, ohne dass er wusste, wer es getan hat, und Reuven kommt und fragt Schimon: "Wer hat mir das angetan?", obwohl er versteht, dass Reuven ihn dessen verdächtigt, ist es ihm verboten, ihm den Namen des Täters zu sagen, selbst wenn er es [die Tat] selbst gesehen hat. Aber er soll antworten: "Ich habe die Tat nicht begangen" [es sei denn, es handelt sich um eine Tat, die er, auch wenn er ihn überhaupt nicht verdächtigt, und die er ihm, auch wenn er ihn nicht fragt, selbst sagen müsste, wie wenn alle am Anfang dieses Abschnitts genannten Bedingungen erfüllt wären [und wie wir oben in Abschnitt 7 geschrieben haben, und wie oben im Ersten Teil, Grundsatz 10, Abschnitt 17 in Bezug auf Lashon Hara erklärt wurde]]. Denn alle Überlegungen, die dort im Mekor Hachaim und im Be'er Mayim Chayim erwähnt werden, sowohl in Bezug auf den Din als auch auf die Erfüllung der Forderungen des Himmels, gelten auch hier.

Seif 15. Und nun kommen wir zur Erklärung dessen, worüber viele Menschen stolpern. Ich werde eine Illustration geben, aus der der intelligente Leser die Parallelen ableiten kann. Es ist üblich, dass jemand Waren in die Stadt bringt, um sie zu verkaufen, und viele Käufer kommen zu ihm. Und oft kommt es vor, dass einer, der gerade kein Geld bei sich hat, eine Ware auswählt und den Verkäufer bittet, sie nicht an einen anderen zu verkaufen, weil er ihm das Geld bringen wird. In der Zwischenzeit kommen andere Händler zu ihm und bitten ihn, ihnen die Ware zu verkaufen, die der erste ausgewählt hat, und er willigt ein. Wenn der erste zurückkommt und nach der Ware fragt, die er am Anfang ausgewählt hat, antwortet er: "Ploni kam, und ich wollte sie ihm nicht geben, aber er warf das Geld hin und nahm sie, und gegen meinen Willen nahm ich es, denn ich wollte nicht mit ihm streiten." In diesem Fall verstößt der Verkäufer gegen das absolut negative Gebot: "Du sollst nicht mit deinem Volk schwatzen." Auch wenn derjenige, der ihn angefleht hat, ihm die Ware zu geben, die der erste ausgesucht hat, ein großes Unrecht begangen hat, ist es doch, da er sie ihm verkauft und das Geld von ihm erhalten hat, sicherlich ein gültiger Verkauf, und es wird nichts Gutes dabei herauskommen, wenn er den Namen des Anflehenden preisgibt; sondern er wird nur Hass in sein [des ersten] Herz gegen ihn [den zweiten] einflößen, und das ist absolute Rechiluth [vgl. Grundsatz I, Abschnitt 3.] Und dieses Din ist in allen Einzelheiten dem des oben erwähnten Abschnitts 14 ähnlich.

Wie viel mehr [ist dies das Din] in Anbetracht dessen, was wir sehr oft finden, dass der Zweite ihn nicht so sehr angefleht hat, und dass der Verkäufer ihn nicht darüber informiert hat, dass er sich bereits an den anderen gebunden hatte, und dass es nur zu seinem eigenen Besten war, dass er ihm diese Ware verkauft hat, was auch immer sein Grund gewesen sein mag. Und damit der erste Käufer ihm keinen Vorwurf machen kann, dass er sein Wort bricht, nimmt er das Unrecht von sich und rechnet es dem anderen zu. Gewiss, das ist eine sehr schwere Sünde, die in die Kategorie der motzi shem ra [Verbreitung einer Falschmeldung] fällt, und für die alle negativen und positiven Gebote gelten, die wir in der Einleitung erläutert haben.

Und er muss in einem solchen Fall sehr darauf achten, den Namen des zweiten Käufers, der die Ware gekauft hat, nicht preiszugeben, selbst wenn dieser Verkäufer das Unrecht auf sich nehmen und sagen will: "Es war mein Fehler; er wusste nichts davon, dass du zuerst mit mir abgeschlossen hast." Denn es kommt sehr häufig vor, dass er in seinem [des Erstkäufers] Herzen Hass gegen den Zweitkäufer schürt, weil er denkt, dass er seinen Lebensunterhalt bedroht. Vielmehr sollte der Verkäufer ihm klar und deutlich antworten: "Ich habe es versehentlich an einen anderen verkauft."

Und wisse, dass alles, was wir in diesem Buch über die große Vorsicht geschrieben haben, die man gegen die Übertretung von Lashon Hara walten lassen muss, nur für jemanden gilt, der noch in der Kategorie "dein Gefährte" ist. Was aber die Leute betrifft, die die Tora des Herrn leugnen, und sei es auch nur ein Buchstabe, und die, die die Worte der Chasal verhöhnen, so ist es eine Mitzwa, ihre betrügerischen Ansichten vor allen bekannt zu machen und sie zu erniedrigen, damit andere nicht aus ihren bösen Taten lernen.

CHOFETZ Zweiter Teil CHAIM

Illustrationen

Illustration 1.

Wenn Ploni sieht, dass Reuven eine Partnerschaft mit Schimon eingehen will, und Schimon Reuvens Natur nicht kennt, und Ploni Reuven aus der Vergangenheit gut kennt - dass er wegen seiner schlechten Natur gleichgültig gegenüber dem Geld anderer ist -, sollte er Schimon von Anfang an davor warnen, eine Partnerschaft mit ihm einzugehen, liegt darin kein Lashon Hara. Aber auch hier muss er sehr darauf achten, dass keine der in Grundsatz 9, Abschnitt 2, genannten Bedingungen fehlt.

Illustration 2.

Aber wenn Reuven bereits eine Partnerschaft mit Schimon einging, weil er ihn nicht kannte, und Ploni Reuvens Wesen kannte, wie zuvor erwähnt, hängt es [der Din] davon ab: Wenn Ploni weiß, dass seine Worte von Schimon nicht akzeptiert werden, es sei denn, er verdächtigt Reuven allein [d.h., er verlässt sich nicht ausschließlich auf Reuven, wenn es um Geschäfte und ungenaue Buchführung geht, sondern prüft alles mit ihm zusammen, damit er nicht zu Schaden kommt], muss Ploni dies Schimon offenbaren. Aber auch dabei muss er sehr darauf achten, dass die in Abschnitt 2 genannten Bedingungen nicht fehlen. Wenn er aber sieht, dass seine Worte von Schimon stillschweigend geglaubt werden und dadurch zu einem tatsächlichen Verlust für Reuven führen [d.h., dass Schimon seine Partnerschaft mit ihm aufhebt oder andere Arten von Verlust], ist es verboten, es Schimon zu offenbaren.

Illustration 3.

Und wisse weiter, dass er sehr vorsichtig sein muss, Reuven nicht zu raten, eine Partnerschaft mit Schimon einzugehen, wenn er von irgendeinem Verlust weiß, der aus ihrer Partnerschaft resultieren könnte [wie wenn Schimon sehr arm ist; wie viel mehr, wenn er nicht vertrauenswürdig ist]. Dasselbe gilt für die Suche nach einem Partner [shidduch] oder einem Handwerker oder dergleichen. Denn selbst in den Fällen, in denen es verboten ist, gegen Schimon zu gehen und rechiluth zu sprechen, wie z.B. vor Reuven zu gehen und gegen ihn zu sagen, dass er sich in schwierigen Verhältnissen befindet, wie oben erwähnt [und ebenso in Bezug auf ein Shidduch oder einen Handwerker, jeder auf seine eigene Weise], ist es verboten, dies nur zu tun, indem man Schimon schadet - Und das Gegenteil; d.h. Reuven zu schaden und ihm zu raten, eine Partnerschaft oder einen Shidduch mit Schimon einzugehen und ähnliches - wenn er [Ploni] in sich selbst weiss, dass, wenn er in der gleichen Position [wie Reuven] wäre und die gleichen Dinge verlangen würde, er sich von solchen Leuten in Schimons Umständen distanzieren würde] - ist es ein absolutes Issur, Reuven in dieser [Richtung] zu raten, es fällt in die Kategorie von "Du sollst keinen Stolperstein vor den Blinden legen", von dem Chazal gesagt haben: "Gib ihm keinen Rat, der für ihn unpassend ist." Und es gibt Menschen, die aufgrund ihres Eigeninteresses darüber stolpern. Das ist eine schwere Sünde, Geldgier, die sie dazu bringt, ein negatives Gebot der Tora zu übertreten.

Illustration 4.

Wenn Ploni sieht, dass jemand eine Verbindung mit einem anderen eingehen will, und er [Ploni] weiß, dass der Bräutigam große Mängel hat [deren Art weiter unten in Abschnitt 6 erklärt wird], und der Vater der [zukünftigen] Braut weiß nichts davon, und wenn er es wüsste, würde er nicht einwilligen, sollte man es ihm sagen. Aber derjenige, der sich damit befasst, sollte wissen, dass es in diesem Din viele Details gibt, die wir weiter unten erklären werden; und er muss sie alle in Betracht ziehen, bevor er dies für sich selbst erlaubt. Er sollte auch nicht von einer Situation zur anderen Milderungen für sich selbst ableiten. Und bevor wir beginnen, diesen Din in allen Einzelheiten zu erklären, werden wir versuchen, die üblichen Stolpersteine in diesem Bereich zu beseitigen [obwohl es, um die Wahrheit zu sagen, nicht nötig ist, sie in einem Buch zu erwähnen, denn sie sind sehr offensichtlich und erfordern weder Lernen noch Überlegungen]. Aber wegen des großen Schadens, den sie anrichten, und weil sie von vielen Menschen als erlaubt angesehen werden, habe ich mich gezwungen gesehen, die große Täuschung der "Männer der Zunge" in dieser Hinsicht zu erklären. Vielleicht wird der Herr die Beseitigung eines Teils dieser großen Verblendung gewähren. Und dies beginne ich mit der Hilfe des Herrn.

Illustration 5.

Es muss sehr darauf geachtet werden, dass solche niederen Eigenschaften vermieden werden, die dazu führen, dass eine Partei [des Shidduch] vor der zweiten Partei wegen völlig unbedeutender Dinge erniedrigt wird. Wenn also der [zukünftige] Bräutigam ein unschuldiger Mensch wäre, der nicht so scharfsinnig ist, um die Feinheiten der Menschen und ihre Täuschungen zu verstehen, oder der sich nicht wie die anderen Jugendlichen seines Alters auf Leichtsinn einlassen will, so wird er sofort in der Stadt als Narr und Einfaltspinsel verschrien, so dass dies zuweilen für andere ein Grund ist, sich nicht mit ihm zusammentun zu wollen, oder den Bund, den sie bereits geschlossen haben, zu brechen, und viele andere solche

Ungerechtigkeiten [Möge der Herr solche "schlüpfrigen Lippen" dafür abschneiden!] Denn es genügt ihnen nicht, dass sie deswegen in die Kategorie der "Männer der Lashon Hara" fallen - denn in diesen Worten der Eitelkeit und ihresgleichen findet sich nicht einmal eine Einzelheit von denen, die in Grundsatz 9, Abschnitt 2 erwähnt werden -, sondern die Tora nennt sie sogar "Verbreiter von Falschmeldungen", weil das, was sie sagen, falsch ist, wie wir in Teil 1, Grundsatz I, und in Grundsatz 5 zu diesem Thema geschrieben haben. Und selbst wenn das, was sie sagen, die absolute Wahrheit wäre, würde dies alle oben genannten Bedingungen voraussetzen.

Und in Wahrheit gehören diese Leute auch in die Kategorie der machtiei harabim ["viele zur Sünde verleiten"]. Denn aufgrund ihrer bösen Natur, durch die sie sich beeilen, die Menschen zu verhöhnen und Schande und Schmach über sie auszuschütten, zwingen sie die Menschen, die in ihrem Herzen rein und gerecht sind, ihren Wegen zu folgen - anfangs mit Zwang, damit jene Spötter und "Männer der Zunge" sie nicht als Dummköpfe und Einfaltspinsel anprangern oder als "Heuchler" brandmarken, und danach werden sie wie selbstverständlich hinter ihnen hergezogen, denn "Gewohnheit wird zur Natur". Und, wie das bekannte Diktum in der Gemara [Avodah Zarah 18b zu Psalm 1:1] besagt: "Wenn er [mit den Spöttern] geht, ist er dazu bestimmt, [mit ihnen] zu stehen, und wenn er [mit ihnen] steht, ist er dazu bestimmt, [mit ihnen] zu sitzen."...

Und wie sehr muss man sich selbst stärken, um diesen Leuten am Anfang keinen Raum zu geben, das heißt, nicht mit ihnen zu streiten, sondern sich sehr zu stärken, um sich überhaupt nicht mit ihnen zu verbinden, wie es geschrieben steht [Mischlei 1:11-16]: "Wenn sie sagen: 'Komm mit uns...', so hüte dich, deinen Fuß auf ihren Weg zu setzen. Denn ihre Füße laufen zum Bösen, usw.'" Und Chazal haben in Edujot 5:6 gesagt: "Es ist besser, dass ein Mensch sein ganzes Leben lang ein Narr genannt wird und nicht einen Augenblick vor dem Herrn böse ist." "Ein Narr genannt" wird wegen der dort besprochenen Angelegenheit gesagt; aber in Wahrheit gehört es sich für einen Menschen, eine Torheit zu begehen, sogar aktiv, so dass der Beiname "böse" nicht auf ihn zutrifft, nicht einmal für einen Augenblick, oben. Wie wir in der Schrift finden [nämlich 1. Samuel 21,16], dass David sich im Haus des Avimelech wie ein Narr benahm, damit er ihm nicht in die Hände falle. Wie viel mehr [sollte man diese List, wenn nötig, befolgen] um des Königs der Könige willen, des Heiligen, gepriesen sei Er! Und [Chullin 5b]: "[Psalmen 36,7]: 'Mensch und Tier rettest Du, o Herr' - das sind Menschen, die weise sind im Wissen, die sich aber [um des Herrn willen] töricht machen wie ein Tier." Und siehe Berachoth 19b: "Wenn man sha'atnez in seinem Gewand findet, usw."

Und ebenso, eine der Parteien [zu einem Shidduch] wegen der Taten seiner Vorfahren zu beschämen - auch dies fällt in die Kategorie von Lashon Hara, wie oben in Grundsatz 4 erklärt.

Illustration 6.

Und nun kehren wir zurück, um zu erklären, was wir am Anfang von Abschnitt 4 erlaubt haben, und zwar anhand eines Beispiels, bei dem der [künftige] Bräutigam große Mängel hat. Denn es gibt einen Unterschied zwischen den Mängeln. Das heißt, wenn es sich um eine körperliche Krankheit handelt, die der Vater der [zukünftigen] Braut nicht kennt, da es sich um etwas Internes handelt, das nicht allen offenbart wird, ist es offensichtlich, dass derjenige, der dies offenbart, keiner issur der rechiluth verdächtig ist [solange keine der in Grundsatz 9, Abschnitt 2 genannten Bedingungen fehlt. Und diese habe ich hier im Be'er Mayim Chayim erläutert].

Und es gibt noch einen weiteren Fall, in dem er es ihm offenbaren muss. Wenn man über den Bräutigam hört, dass es Apikorsuth [Ketzerei] in ihm gibt, G-tt behüte, muss es ihm offenbart werden. Und darüber heißt es in der Gegenüberstellung [Vayikra 19:16]: "Du sollst nicht schwatzhaft unter dein Volk gehen", aber "Stehe nicht [untätig] bei dem Blut deines Freundes."

Aber wenn der Mangel in Bezug auf die geringe Tora-Weisheit, die er besitzt, besteht, soll ihm dies nicht offenbart werden. Denn er [der angehende Schwiegervater] hat "seinen eigenen Verlust verursacht". Denn er hätte ihn zu Toramännern bringen müssen, um ihn auf seine Weisheit und sein Wissen hin zu prüfen [und wenn er das getan hat, müssen sie [die Prüfer] die Wahrheit sagen, denn beide Parteien hatten sich am Anfang darauf geeinigt], und da er das nicht getan hat, [wird es so verstanden, dass] er sich mit der Sache abgefunden hat.

[Abgesehen davon muss jemand, der diese [Offenbarung] zulassen möchte, weil er nicht zusehen kann, wie sein Freund betrogen wird [die Schadschanim täuschen den [zukünftigen] Schwiegervater], sich zuerst vergewissern, dass die Höhe der Mitgift und die Zuteilung von Nahrung und Kleidung, die der Schwiegervater vereinbart hat, eine echte Verpflichtung ist und er nicht täuschen wird. Denn im Allgemeinen sollte man dies nicht vorschnell erlauben. Denn unsere Augen sehen, dass viele von ihnen ihre Verpflichtungen nicht einhalten, und wenn das so ist, dann trifft das Phänomen des "Betrugs" hier nicht zu. Denn so wie der [zukünftige] Bräutigam den [zukünftigen] Schwiegervater betrügt, so betrügt der Schwiegervater ihn, und am Ende sind sie "gleichberechtigt". Und abgesehen davon müssen auch hier alle in

Grundsatz 9, Abschnitt 2 genannten Bedingungen erfüllt sein].

Abbildung 7. Das Gleiche gilt für die Offenbarung der Angelegenheiten des Schwiegervaters gegenüber dem Bräutigam. Das heißt, wenn er von einer inneren Krankheit der Verlobten weiß, diese es aber vor dem Bräutigam verheimlicht, ist der Offenbarer nicht des issur der rechiluth verdächtig [aber die erforderlichen Bedingungen müssen erfüllt sein].

Ähnlich ist es, wenn man über das Haus seines [zukünftigen] Schwiegervaters gehört hat, dass es ein Haus der pritzuth [Unanständigkeit] ist - und es ist bekannt, dass dies ein großer Grund für das Verfehlen des gewünschten Endes [der Ehe] ist - auch in diesem Fall muss die Sache enthüllt werden, und in diesem Fall sind die oben genannten Bedingungen [für die Enthüllung] nicht gegeben. Aber er [der potentielle Offenbarer] muss zuerst darüber nachdenken, ob seine Worte beachtet werden, denn in einem Shidduch wird sehr oft festgestellt, dass sie nicht beachtet werden, und es ist unvermeidlich, dass [in einem solchen Fall] die Offenbarung nur zu Rechiluth führen wird.

Illustration 7.

Wenn er aber weiß, dass der Schwiegervater den Bräutigam in der Frage der Mitgift und der Essenszuteilung betrügt, muss er sich gut beraten, bevor er es dem Bräutigam offenbart. Denn dies erfordert mehrere Überlegungen:

a. Er muss gut nachdenken [um festzustellen], ob er ihn wirklich betrügt. Das heißt, er muss von seiner Schlechtigkeit oder der Härte seiner Armut überzeugt sein, oder er muss von ihm ausdrücklich gehört haben, dass er sich nur äußerlich verpflichtet. [Und er sollte nicht sofort daraus schließen, dass er vom Schwiegervater denkt, dass er ihm, weil er in Not ist, sicher nicht die Mitgift oder den Essensanteil geben wird, den er versprochen hat. Denn sehen wir nicht oft, dass solche Männer ihre Schulden bereitwilliger bezahlen als die erhabenen Hausherren?]

b. [Um es zu offenbaren,] muss er wissen, dass der Bräutigam, wenn er es wüsste, dem Shidduch nicht zustimmen würde. Denn sehr oft kommt es vor, dass der Bräutigam nur so viel wie möglich vom Schwiegervater bekommen will, aber der Shidduch selbst ist davon überhaupt nicht betroffen. Und in einem solchen Fall gibt es sicherlich keinen Heter, zu ihm zu gehen und es ihm zu offenbaren [es sei denn, er sieht, dass seine Worte dem Bräutigam von Nutzen sein werden, dass er sich Rat holen wird, wie er vom Schwiegervater Sicherheiten dafür bekommen kann].

c. [Um es zu offenbaren,] muss er wissen, dass es von Seiten des Bräutigams keine Täuschung geben wird. Denn wenn auch der Bräutigam ihn in irgendetwas betrügt, treten sie als "Gleiche" auf, und es ist offensichtlich, dass es verboten ist, es zu enthüllen.

Abgesehen davon müssen alle oben genannten Bedingungen erfüllt sein. Daher sollte er sich nicht beeilen, es zu offenbaren, es sei denn, er hat intensiv darüber nachgedacht, ob alle notwendigen Voraussetzungen erfüllt sind.

Illustration 8.

Und wenn der Bräutigam bereits den Shidduch gemacht hat und er [der potentielle Enthüller] weiß, dass der Schwiegervater den Bräutigam in der Frage der Mitgift oder der Essenszuteilung täuschen wird, hängt [der Din] davon ab: Wenn er sieht, dass seine Worte vom Bräutigam nur auf Verdacht hin akzeptiert werden. Das heißt, dass er den Schwiegervater um Rat fragen wird, um nicht von ihm getäuscht zu werden. Oder wenn er weiß, dass der Bräutigam nichts von sich aus tun wird, sondern nur mit dem Beth-Din, ist es erlaubt, es ihm zu offenbaren. Er muss aber darauf achten, dass keine der oben in Grundsatz 9, Abschnitt 2 erläuterten Bedingungen fehlt. Es scheint auch, dass er auch die Bedingung c erfüllen muss. Das heißt, er muss wissen, dass der Bräutigam ihn nicht täuschen will. Wenn er aber sieht, dass seine Worte vom Bräutigam akzeptiert werden und dass er deshalb den Shidduch von sich aus auflösen wird, ist es verboten, ihm dies mitzuteilen; denn es ist nicht üblich, dass alle erforderlichen

Bedingungen zusammentreffen. [Siehe das Be'er Mayim Chayim.]

Illustration 9.

Und manchmal ist es denkbar, dass es erlaubt ist, sie zu offenbaren, wie wenn er weiß, dass die Braut eine innere Krankheit hat, die nicht allen, einschließlich des Bräutigams, bekannt ist. Aber er muss darauf achten, dass alle in Grundsatz 9, Abschnitt 2 genannten Bedingungen erfüllt sind.
Und wenn er [der potentielle Enthüller] die Sache nicht selbst wusste, sondern sie nur von anderen gehört hat, sollte er sie nicht enthüllen, es sei denn, er hat das Gefühl, dass der Bräutigam von sich aus nichts tun wird, um den Shidduch aufzulösen, sondern [nur] Verdacht schöpfen und sorgfältig nachforschen wird. Auch in diesem Fall müssen die Bedingungen des Grundsatzes 9, Abschnitt 2, erfüllt sein.

Illustration 10.

Und wenn er weiß, dass das Haus des Schwiegervaters ein Haus der Pritzuth ist, muss er es offenbaren. [Und wenn er weiß, dass es im Bräutigam Apikorsut gibt, ist es sicherlich eine Mitzwa, dies zu offenbaren] und keine der oben genannten Bedingungen muss erfüllt sein. Und selbst wenn er dies nicht selbst weiß, sondern es von anderen gehört hat, muss er es dennoch offenbaren. Aber er muss darauf achten, dass er es nicht in einer Weise offenbart, die den Eindruck erweckt, dass er die Sache selbst weiß, sondern er muss klar und deutlich sagen: "Ich habe dies und jenes gehört." Auch wenn dies noch nicht unbedingt geglaubt werden muss, sollte es vermutet und untersucht werden.

Ich hatte vor, weitere Illustrationen zu Handwerkern, Angestellten, Dienern und dergleichen zu liefern. Aber wegen hoher Druckkosten und zeitlicher Unwägbarkeiten war ich daran gehindert. Zusammengefasst: Der Mensch muss seine Augen und sein Herz auf seine Wege und besonders auf die Äußerungen seines Mundes richten, sich nicht in Angelegenheiten "zwischen Mensch und Nachbar" einmischen, es sei denn, er kennt die zu behandelnde Angelegenheit genau, beabsichtigt [nur] Nutzen, ist nicht von Hass motiviert, und sieht die Früchte seiner Rede voraus, damit sie nicht die Grenzen des Din überschreitet, G-tt bewahre. Und dann wird der Herr seine Hoffnung sein, dass er nicht im Netz der bösen Neigung verstrickt wird. Und der Fels Israels wird ihn vom Irrtum erretten, und Er wird ihm Wunder aus Seiner Tora zeigen.

www.ingramcontent.com/pod-product-compliance
Lightning Source LLC
Chambersburg PA
CBHW070134080526
44586CB00015B/1695